CB141561

Só um instante

(textos pessoais, políticos, sociológicos, filosóficos e literários)

Edgar Morin

Só um instante

(textos pessoais, políticos, sociológicos, filosóficos e literários)

Tradução de Juremir Machado da Silva

Editora Sulina

© Les Éditions Denoël, 2023
© Editora Meridional/Sulina, 2025

Título original: *Encore un moment - textes personnels, politiques, sociologiques, philosophiques et littéraires*
Capa: Humberto Nunes
Projeto gráfico e editoração: Niura Fernanda Souza
Revisão: Álvaro Larangeira

Editor: Luis Antonio Paim Gomes

Dados Internacionais de Catalogação na Publicação (CIP)
Bibliotecária Responsável: Denise Mari de Andrade Souza – CRB 10/960

M858s Morin, Edgar
Só um instante: textos pessoais, políticos, sociológicos, filosóficos e literários / Edgar Morin; tradução de Juremir Machado da Silva. -- Porto Alegre: Sulina, 2025.
144 p.; 14x21 cm.

Título Original: Encore un moment: textes personnels, politiques sociologiques, philosophiques et littéraires.

ISBN: 978-65-5759-212-0

1. Sociologia. 2. Filosofia Contemporânea. 3. Socialismo. 4. Democracia. I. Título.

CDU: 101
316
CDD: 100
301

Todos os direitos desta edição são reservados para:
EDITORA MERIDIONAL LTDA.

Rua Leopoldo Bier, 644, 4º andar – Santana
Cep: 90620-100 – Porto Alegre/RS
Fone: (0xx51) 3110.9801
www.editorasulina.com.br
e-mail: sulina@editorasulina.com.br

Maio /2025
IMPRESSO NO BRASIL/PRINTED IN BRAZIL

SUMÁRIO

REMISSÃO

Só um instante, senhor carrasco **9**

Centenário **15**

A cama **18**

MISSÃO

A missão do intelectual **23**

A consciência da consciência **30**

Defesa das humanidades **40**

À SOMBRA DA HISTÓRIA

A contribuição capital dos pós-marranos à cultura humanista europeia e mundial **45**

Segunda Guerra Mundial: relembrar alguns fatos subestimados ou ocultados **59**

A rede **69**

MUDAR DE VIA

A democracia **73**

Mudar de via, mudar de vida **77**

O pensamento socialista em ruínas.
Que se pode esperar? 82
A medicina e as medicinas 98
Sobre a degradação de nossa alimentação 110
Uma política para a cidade e o campo 112
Mulher, vida, liberdade 131

ANEXO

O camarada Deus: conto de Natal 135

AGRADECIMENTOS 143

Estes textos têm em comum a relação inseparável da vida, do pensamento e da obra do autor.

Eles mostram a minha curiosidade polimorfa e tomam o nosso mundo na sua complexidade. Tentei iluminar algumas zonas de sombra da história passada e recente, explorar vários grandes temas culturais e políticos do nosso tempo, sem esquecer o tema mais importante, permanente e capital: o que é a consciência?

REMISSÃO

SÓ UM INSTANTE, SENHOR CARRASCO[1]

Como exprimir este sentimento de espanto, de alegria e de tristeza que me invade quando olho a natureza, as árvores, o céu? E quando, como agora mesmo, um passarinho, cuja espécie ignoro, menor e mais elegante do que uma pomba, com um pescoço fino e esbelto, meio de lado, pica e saltita na grama?

Encantamento com a vida: não somente de continuar vivendo depois dos cem anos, mas simplesmente por fazer parte da vida da qual desfruto ao mesmo tempo que o pássaro, a oliveira bem perto, as palmeiras mais distantes, milhares de folhas de grama, todos, inclusive eu, cumprindo o trabalho de viver.

Por que essa proliferação, essa fertilidade presente até na menor das folhas, minúscula usina de clorofila captando a energia do sol?

Por trás desse espanto diante da vida, o espanto de estar vivo, não somente por ter nascido do acaso de um veloz espermatozoide que penetrou o óvulo da minha mãe, não apenas por ter resistido a práticas abortivas às quais ela recorria por sofrer do coração, não só por ter

---

[1] Palavras da condessa Du Barry ao carrasco Sanson antes de ser guilhotinada, em dezembro de 1793.

nascido estrangulado pelo cordão umbilical, mas simplesmente por estar vivo entre os seres vivos e mais ainda por estar na Terra.

A vida na Terra me toca de outra maneira desde que passei a ter consciência da sua fabulosa eco-organização, por meio de antagonismos e solidariedades, predações e simbioses. Essa eco-organização se constituiu entre a natureza viva e a natureza física dos solos, das águas, das montanhas, dos vales.

Mistério da organização do universo que liga e associa elementos entregues às agitações e às ordens e assim produz átomos, moléculas e sistemas solares. No terceiro planeta do nosso sol se produziu a maravilha de uma extraordinária auto-eco-organização oriunda de encontros entre elementos moleculares diversos, puramente físico-químicos, de onde emergiram as qualidades próprias do que chamamos vida: a cognição, a autorreprodução, a autocorreção, a mobilidade, a assimilação contínua de energias exteriores para lutar sem parar contra a degradação e a morte.

O mais espantoso é que nos espantemos tão pouco de viver.

Por trás do meu espanto em estar no mundo há o espanto com esse mundo gigantesco sem que saibamos por que ele surgiu e aonde leva a sua expansão. Esse Universo não é uma Ordem obediente a leis imutáveis como acreditou a ciência determinista na esteira de Laplace. Se comporta princípios de ordem, como a gravidade, esses princípios permitem, porém, que seus elementos enfrentem a desordem das agitações combinando-se em organizações ou, ao contrário, entredevorando-se. Por meio dessas interações e retroações, o Universo é inseparavelmente ordem, desordem, organização, ou seja, complexo.

Bilhões de astros vivem assim do fogo e para o fogo. Certo, sabemos que o calor, cada vez mais intenso pela concentração de matéria estelar, produz uma queima e que é um antagonismo complementar entre as forças da gravitação centrípeta e as forças centrífugas do fogo que mantém durante bilhões de anos essa organização no e pelo fogo. Mas eu nunca paro de me surpreender, atônito, com o fato de que esse fogo, que destrói tudo na Terra, especialmente nos incêndios florestais de nossos verões, nunca cesse incansavelmente de construir o nosso sol.

Assim, tudo me espanta: minha vida, a vida, o mundo.

Ao mesmo tempo, experimento uma alegria serena, uma sorte de felicidade calma ao contemplar a vida vegetal em torno de mim. Como ela se nutre de energia solar por seus galhos e substâncias minerais por suas raízes, a vida vegetal nada tem de agressiva e de predadora. Mas eu gosto também da vida animal, a elegância dos gatos, a majestade dos leões, a velocidade das gazelas. Os insetos que teimam diante do meu rosto me irritam, mas eu admiro a mosca, essa pequena obra-prima da natureza. Teve até mesmo uma mosca que eu encontrava todo café da manhã na minha mesa. Eu tinha a sensação de que havia um começo de afeição entre nós.

"Afeição" é a palavra etológica para designar amizade e amor, termos que não deveríamos mais reservar apenas para a espécie humana. Vemos esses sentimentos não apenas em relação aos nossos cães ou gatos, mas também entre indivíduos da mesma espécie e, às vezes, de espécies diferentes – o que, de resto, não impede, como entre nós, a agressividade e o assassinato.

Gosto sobretudo dos pássaros, do pardal ao condor e acima de tudo das andorinhas que cruzam os céus como em turbilhão, às vezes, à grande altura, feito bólidos diante dos meus olhos. Espero-as com impaciência a cada primavera e fico repentinamente feliz ao vê-las reaparecer na sua ronda.

De todas as religiões, compreendo melhor as que adoram o Sol e as que veneram a Lua. Assim, experimento a Soberania absoluta de Inti, o deus Sol dos Incas. Senti como uma evidência, no alto de Machu Picchu, a adoração permanente dos seus servos e devotos. Meu amor místico pela Lua vem do culto à minha mãe, Luna, falecida quando eu tinha dez anos de idade. Eu a contemplo piedosamente quando ela é cheia, como ainda ontem à noite. Faço minha a oração a Tanit, de *Salambô*: "Quando tu apareces, uma tranquilidade se espalha sobre a Terra; as flores se formam, as ondas se acalmam, homens cansados estendem seus corações em tua direção, e o mundo com seus oceanos e montanhas, como num espelho, se olha em teu rosto".[2]

[2] Gustave Flaubert, *Salambô*, capítulo III, 1862.

Eu me converteria também ao culto de Aton, o deus Sol, adorado por Akhenaton, que fez dele Deus único. Não é ele que mantém o planeta na sua órbita? Não é ele que fornece a energia indispensável à vida? Não é ele que reina em nosso céu? Não é ele o todo-poderoso que não se pode olhar de frente e do qual dependemos totalmente?

Na verdade, experimento uma alegria estética em contemplar as belezas da vida, da natureza, do Sol, da Lua, das estrelas. Sinto ao mesmo tempo um fervor de comunhão e de integração quase mística do mundo em mim e de mim no mundo. E, simultaneamente, experimento a alegria simples de estar vivo, que não é a mesma coisa que a alegria de viver, pois aquela revela um ardor que agora só percebo de modo atenuado.

Mas é por sentir a plenitude de estar vivo e de aproveitar a vida que sinto a tristeza de perder a vida em breve. Mais do que a vida é todo o Universo que desaparecerá comigo para sempre. Meu eu subjetivo e meu eu objetivo desaparecerão ao mesmo tempo, e essa aniquilação será simultaneamente a do mundo em mim.

O mundo continuará sua aventura sem saber se está fadado à dispersão final ou a recomeçar, se o nosso sol se apagará e a vida na Terra acabará. Mas até lá, o que será da aventura humana?

Lamento não poder saber o que sairá da conjunção das enormes crises que a humanidade atravessa hoje. Lamento que possa me faltar um ou dois anos para perceber o que está surgindo, sendo destruído, tomando forma. Temo que um longo período de regressão chegará, sabendo que o improvável pode mudar tudo para melhor ou para pior.

Partirei em meio ao suspense histórico total.

CENTENÁRIO

Na verdade, não sei realmente por que me tornei centenário. Posso, contudo, emitir duas hipóteses e adiantar uma certeza.

Certo, nestes dez últimos anos, privilegiei (com alguns excessos necessários) uma alimentação sadia, se possível orgânica, segui a dieta mediterrânea da minha infância, à base de azeite de oliva, evitei alimentos produzidos pela agricultura industrial, limitei meu consumo de álcool a um bom cálice de vinho tinto por dia (de preferência um Médoc, sem esquecer a degustação anual do bom Beaujolais Chermette, em novembro). Mas não pratiquei esporte, a não ser uma intensa atividade de ciclista até meus 25 anos de idade e caminhadas ao longo de toda a minha vida.

Minha primeira hipótese remete à noção de resiliência. Feto, resisti aos produtos abortivos tomados por minha mãe, que sofria de uma doença cardíaca e não podia mais ter filhos. Consegui nascer, mas estrangulado pelo cordão umbilical, e foi necessário um bom tempo, segundo meu pai, para que as palmadas do ginecologista, que me segurava pelos pés, arrancassem meu primeiro choro.

Aos dez anos, filho único, fui devastado pela morte da minha mãe, que eu adorava e era adorado por ela. No ano seguinte, enfrentei uma febre muita alta e uma doença misteriosa, que, na falta de outra coisa, os médicos classificaram como “febre aftosa”. Para escapar dos meus sofrimentos, encontrei refúgio na literatura, no cinema, nos shows, nas exposições. Tentando escapar da minha realidade, descobri, por meio dessas experiências impressionantes, a realidade do mundo.

Chego à minha segunda hipótese. Nunca deixei, até a minha avançada idade, de ser movido pelas tantas e insaciáveis curiosidades de infância. Guardei as aspirações de minha juventude, mesmo perdendo suas ilusões. Aos 22 anos, engajado num movimento de resistência, adquiri o senso de responsabilidade de adulto. No decorrer do tempo, até agora, só tive a ambição de me dedicar à minha obra de reforma do conhecimento e do pensamento, e querer difundi-la.

Ao mesmo tempo que a curiosidade e a paixão por meu trabalho, é o amor e amizade que me fazem viver. A busca da qualidade poética da vida e a revolta contra as suas crueldades me mantiveram tal como sou.

Enfim, e eis minha certeza, devo reconhecer que só pude passar dos cem anos de idade porque, desde 2009, minha companheira e esposa Sabah cuida e alimenta minha juventude de coração e me encoraja a prosseguir a “missão” que me dei, tendo me salvado quatro vezes de uma quase morte certa em função de hemorragias e septicemias.

Na realidade, minha capacidade de resiliência não teria bastado. Foi sempre necessário alguém, do obstetra até Sabah, passando por tantos seres amados e amadas, para que eu chegasse à idade que tenho.

Rita Levi-Montalcini, prêmio Nobel de medicina (ela mesma centenária), escreveu: “Dê vida a teus dias, mais do que dias à tua vida”. Tentei dar vida aos meus dias... Isso não me impediu de dar dias à minha vida.

A CAMA

No romance *Oiseaux de passage*[3], de Fernando Aramburu, me tocou a evocação da cama como prolongamento do útero materno.

O sono é um retorno mimético ao estado fetal. E a cama, seus lençóis, seus cobertores e seu fofo travesseiro, mantém-nos num calor infinitamente suave e sereno, protegidos como numa doce placenta.

É impressionante como um grande número de espécies animais tem necessidade de dormir – à exceção bizarra dos tubarões, parece –, como se o quase retorno ao estado fetal, que é o sono, fosse uma regeneração necessária. Além disso, sabemos que para muitos males que nos afligem o sono é um excelente remédio.

Experimentamos algo melhor do que o útero materno? Ele é o gerador e o protetor do feto em relação ao mundo exterior. Contudo, esquecemos tudo o que aconteceu antes do nosso nascimento, como se o apagamento das lembranças do útero materno acontecesse para nos poupar da nostalgia.

Assim que nascemos, gritamos, choramos, balançamos os braços, chutamos. Passamos da paz das águas maternas para a agitação na atmosfera.

---

[3] Actes Sud, 2023. *Quando os pássaros voltarem*. Intrínseca, 2023.

Estávamos hospedados, alimentados, embalados. Fomos arrancados do nosso doce lar por uma força exterior irresistível e, em seguida, começamos a nos alimentar chupando freneticamente o seio materno ou o seu substituto, a mamadeira.

Não esqueço o quanto é agradável viver do lado de fora, brincar, correr, agir. Mas também sei que era delicioso viver sob a placenta. Resta-nos o sono como herança desse prazer.

Pode-se dormir num trem, num avião, durante uma palestra, em pé ou afundado numa cadeira, mas só se pode dormir bem deitado, livre das roupas da vida ativa, de camisola ou pijama, no oásis da quentura envolvente e protetora dos lençóis e cobertas.

Sabah, que dorme ao meu lado, é minha gêmea uterina. Ela encanta meu adormecimento com um beijo na minha mão, e meu despertar, com um beijo nos meus lábios.

O útero é o lugar macio da geração do humano. A cama é o lugar da sua regeneração pelo sono. Retorno mimético à paz uterina. O caixão, falso útero de madeira, é a prisão de nossa decomposição.

O Google me ensina que "foi há dez mil anos, no neolítico, que os homens começaram a dormir no que se pode chamar de 'cama'". Esses humanos se instalavam sobre camadas de folhas secas, couros de animais e outros materiais que os separavam do solo e lhes davam um pouco de conforto. Certos "colchões" feitos de peles permitiam que se protegessem do frio e de predadores.

A cama propriamente dita parece ter sido inventada por faraós. Foi muito valorizada pela aristocracia romana, que fazia até suas refeições sentada no leito.

No que me diz respeito, me impressionou esta evidência: desde pequeno, tenho horror de sair da cama. Meu repouso fetal, contudo, foi perturbado no quarto mês de gravidez quando minha mãe tentou abortar. Devo ter ficado abalado, mas, tendo resistido, devo ter sentido ainda mais prazer na paz intrauterina e quis ali ficar. Acho que me recusava a nascer. Creio realmente que quis permanecer em estado fetal.

Em todo caso, é certo que, desde a infância, nunca saí da cama por conta própria. Lembro-me muito bem de que, na idade de ir à escola, meu pai cantava várias vezes, no tom militar de despertador: "Bichano, levanta! Bichano, levanta rápido!" Por fim, me obrigava a levantar.

A perda de minha mãe me fez gostar ainda mais do calor da cama. Faz cem anos que não gosto de me levantar e uso qualquer pretexto para ficar na cama o mais longo tempo possível.

A única exceção foi em Nova York, em 1970, acho. Estava hospedado no vigésimo terceiro andar de um arranha-céu de Bleecker Street, e a janela do meu quarto dava para a imensidão do céu a leste, sobre o Brooklyn. Interrompendo meu sono a cada manhã, o sol surgia e me deslumbrava com sua luminosidade, fazendo-me saltar da cama de tanto entusiasmo.

Depois disso, sempre tive dificuldade para me levantar. Uma dificuldade cada vez maior. Sonolento, fico sob as cobertas, especialmente no outono e no inverno. Sei que não conseguiria me levantar por mim mesmo. Não posso fazer como Sabah que mal abre os olhos e já vai preparar chá. Penso em me levantar e essa ideia é tão penosa que me afundo um pouco mais sob as cobertas. Mas, de repente, de modo incompreensível, uma força externa leva as minhas pernas para fora da cama. Permaneço meio sonâmbulo até tomar meu chá, com ovo cozido e torrada. Depois, ligo meu computador e isso me desperta e catapulta para a condição humana.

MISSÃO

A MISSÃO DO INTELECTUAL

Tentei cumprir minha "missão" de intelectual procurando respeitar e restituir a complexidade dos problemas, no diagnóstico e no julgamento, evitando as imprecações e a histeria. É essa missão, cuja polivalência se relevou cada vez mais aos meus olhos, de 1956 até hoje, que tentarei formular aqui, destacando:

1. A consciência de que o intelectual é ator, para além da alternativa entre o engajamento e a torre de marfim, no jogo da verdade e do erro que está no centro do jogo da história humana.
2. A obsessão permanente pela questão do erro.

O erro é o risco permanente que correm o conhecimento e o pensamento[4], logo, o intelectual. O erro mais devastador da nossa época é o ideológico. Os intelectuais acumularam, por ideologia, os erros mais fatais. De onde a necessidade de uma vigilância incessante para detectar as fontes possíveis de erro e proteger-se de sua infiltração ardilosa.

A luta contra o erro passa pela localização dos mitos que nos movem, mas não pode ser "desmistificação", "desmitificação" nem "desideologização". A eliminação do

[4] Cf. "O erro de subestimar o erro", em *Ciência com consciência.* Rio de Janeiro: Bertrand Brasil, 2018.

mito só pode ser uma ilusão. Os mitos, como o imaginário, fazem parte da realidade humana. O verdadeiro problema está em reconhecer o caráter mítico dos nossos mitos, de vê-los como tal, e de fazer a nossa racionalidade dialogar com nossos mitos.

A luta contra o erro passa pelo estudo atento de informações diversas e documentos contraditórios. Mas ela não se limita à verificação dos fatos. Pressupõe a vontade cognitiva de respeitar a complexidade dos fenômenos humanos, sociais, históricos, a fim de evitar teses brilhantes, mas frívolas e uniliterais, assim como as ofensas. Implica a preocupação em tentar compreender o nosso futuro.

3. A problematização como atividade fundamental do intelectual, mais do que a "crítica" que seleciona, na verdade, arbitrariamente os alvos e não sabe se autocriticar.
4. A necessidade de abandonar a posição absoluta de juiz de tudo.

É dever do intelectual tentar se distanciar e encontrar um metaponto de vista em relação às evidências rígidas e às ideias prontas. Isso passa pela necessidade de autoanálise permanente e pela resistência às histerias coletivas que sempre se tomam pela expressão de uma justa e virtuosa indignação. É claro que evitar a histeria não significa recusar uma justa indignação. Porém, é evidente que a indignação não pode substituir o pensamento.

5. A necessidade de conceber ideias englobantes, que são princípios geradores de conhecimento e de compreensão, e não generalizações vagas.

6. A proteção da ética do debate em oposição à da rejeição.

Foi essa ética que instituímos na *Argumentos*[5] que tentei manter para resistir à tendência em transformar o confronto de ideias em combates nos quais não se quer (ou não se pode) receber as ideias oponentes sem desfigurá-las. É raro que os intelectuais pratiquem o que normalmente deveria desenvolver a cultura deles: atenção à fala do outro, capacidade de entender um argumento sem o deformar. Há, ao contrário, aviltamento dos propósitos alheios por intenções escusas, "má-fé", "desonestidade". De que serviu ler Montaigne, La Bruyère, Freud? Cabe reconhecer o direito à palavra aos que dividem e negam, ou seja, ao diabo, pois é, ao mesmo tempo, o espírito que nega e a força que divide.

7. A reflexão sobre a pauperização cultural e o esforço de recomposição cultural.

Lembremos o diagnóstico já formulado: "A cultura está deslocada. De um lado, as 'humanidades' empobrecidas que não sabem se conectar a fontes verificadoras (as ciências) nem a fontes cotidianas de conhecimento (a mídia) e que refletem no vazio. Do outro lado, uma cultura científica que, por princípio, método e estrutura, é incapaz de conceber os problemas do conjunto e de refletir sobre si mesma. De outro lado ainda, uma cultura da mídia às voltas com o

[5] Revista de filosofia política fundada em 1956 por Colette Audry, Roland Barthes, Jean Duvignaud e eu.

dia a dia do mundo, o acontecimento, o novo, mas que só dispõe de fracos meios de reflexão".[6]

Por toda parte, portanto, ciências, tecnologia, humanidades, mídia, reinam ideias gerais vazias, ora ruidosas e com eco (humanidades), ora secretas, mas onipresentes (ciências), ou selecionadas conforme o valor de consumo no mercado (mídia). Em todas essas situações surge a necessidade desta reflexão: "O ideólogo é incapaz de pensar, não só o real, mas a ideologia e sua própria ideologia; o técnico é incapaz de pensar não apenas a sociedade, mas também a tecnologia; o cientista é incapaz de pensar a humanidade e a ciência[7] [...] Por toda parte, um formidável crescimento civilizacional, marcado pelo modo de vida urbano com todas as suas características, a lógica da máquina artificial, as pressões cronométricas, as sobrecargas de todo tipo, as necessidades imediatas, a pressa, a mídia, a fadiga nervosa e física, tende a impedir qualquer possibilidade de rever, refletir, repensar".[8]

Cabe ao intelectual, portanto, a tarefa mais difícil da história da cultura: resistir a todas as forças que degradam a reflexão e ser capaz de pensar sobre as contribuições capitais das ciências contemporâneas a fim de tentar compreender o mundo, a vida, o ser humano, a sociedade.

---

[6] Cf. *Para sair do século XX*. Rio de Janeiro: Nova Fronteira, 2006. É por isso que dou grande importância aos encontros entre "Ciência e Cidadãos" do Centro Nacional de Pesquisa Científica da França (CNRS), que contribuem para abrir o universo científico respondendo às necessidades dos cidadãos.

[7] Ibid.

[8] Ibid.

8. A resistência à barbárie.

Há vários tipos de barbárie: uma barbárie vinda do fundo dos tempos que se manifesta no ódio, nos massacres, no desprezo, na humilhação; uma barbárie anônima destruidora da humanidade, das responsabilidades e da convivência, que se desenvolve com a expansão do mundo tecnoburocrático; uma barbárie igualmente destrutiva do humano que cresce com a mercantilização de tudo; uma barbárie especificamente política que atinge seu ponto culminante atual com o totalitarismo. Esta última barbárie está renascendo sob novas formas. As outras barbáries estão associadas e em plena atividade. A resistência se torna assim um dever permanente do intelectual.

9. A mobilização de todas as qualidades intelectuais em atividades políticas.

A grande lição dos anos 1930-1990 pode ser enunciada assim: "Não se pode mais, quero dizer, não se deve mais reservar a parte mais obscura, infantil e descontrolada de nós mesmos para a política".

10. A consciência humana e ética do universal concreto.

A aspiração à universalidade corre o risco de perda de contato com o concreto. A vontade de impor uma verdade universal pode levar ao terror. Ao contrário, a defesa do concreto conduz ao particularismo fechado e mesmo ao mito abstrato da concretude (a terra, o sangue). Já implicitamente nos iluministas do século XVIII, depois explicitamente nos grandes românticos, de modo especial em Victor Hugo, a aspiração cognitivo-ética dos intelectuais era assumir a consciência da humanidade. Romain Rolland, desde o começo da guerra de 1914, quis se colocar "acima da confusão" franco-alemã para falar em nome da humanidade. A adesão ao marxismo foi uma adesão à doutrina que pretendia se encarregar do gênero humano. Os intelectuais que se ligaram ao comunismo e ao trotskismo agiram pela causa da humanidade. Camus falou em nome da humanidade exprimindo seu horror à bomba de Hiroshima. Mas quantos erros e horrores por inconsciência foram cometidos na crença de servir ao gênero humano! Em todas as variantes do comunismo a causa da humanidade foi enganada por seus cegos servidores.

Uma parte dos intelectuais que, nos anos 1970, criou consciência do trágico erro cometido devotou-se então aos direitos humanos. Esses intelectuais dispersos, mais alguns espíritos terceiro-mundistas, o Clube de Roma, os Médicos sem Fronteiras, a Anistia Internacional, desempenharam, numa única dimensão, o papel de consciência da humanidade.

Deve-se renunciar a toda universalidade por temor da abstração e do erro? Ao contrário, pois estamos na era da comunidade de destino da humanidade. Problemas fundamentais da vida e da morte são comuns a todos os humanos – *o universal é concreto.* É tão mais concreto que a humanidade, originária de um tronco comum, tem suas raízes comuns no planeta Terra. Doravante, a necessidade de raízes, que leva tantos povos e indivíduos a buscar o aconchego da etnia e da religião próprias, deve aprofundar-se e ampliar-se no reconhecimento terreno dos humanos. Podemos e devemos beber na fonte da Terra-Pátria, que é o nosso universal, ao mesmo tempo singular e concreto.

Ser intelectual é se autoinstituir como tal, ou seja, dar-se uma missão: uma missão de cultura, uma missão contra o erro, uma missão de consciência pela humanidade. Eis a missão que me dei com cada vez mais força. Sei bem que só a cumpri até certo ponto, o que deveria me poupar de certa autossatisfação, que, entretanto, não consegui deixar de exprimir.

A CONSCIÊNCIA DA CONSCIÊNCIA

O dicionário *Larousse* nos diz da consciência que ela é: "1. Conhecimento intuitivo ou reflexo imediato que cada um tem da sua existência" e "2. Representação mental clara da existência, da realidade desta ou daquela coisa".

Desde o começo, a noção de consciência contém duas definições indicando dois tipos de consciência: uma remetendo a si mesma, a outra referindo-se ao mundo exterior. Imediatamente a definição oscila entre o seu aspecto intuitivo e o seu aspecto reflexivo. Podemos, quem sabe, superar a antinomia entre esses dois termos?

O uso da palavra "consciência" é recente na história.[9] A sua etimologia, *cum scientia* (ou seja, "com conhecimento"), indica que a consciência engloba o conhecimento numa atividade cognitiva de tipo reflexiva: a consciência é um conhecimento que reflete sobre si mesmo. Assim, "estou consciente do perigo ao atravessar a estrada" significa, ao mesmo tempo, que minha atenção é alertada por um carro que vem na minha direção e que esse perigo me diz respeito. A consciência de um fenômeno externo

[9] Não encontramos equivalente nas filosofias grega e romana. Só o grego tardio introduziu o termo "suneidésis", primeiro formato do que viria a ser a palavra "consciência": *sun*, "com", *eidos*, "ideia, ideação". Na antiguidade grega, especialmente quando se queria falar do que nós, modernos, entendemos por "consciência", utilizava-se a palavra *noûs*, que significa "espírito".

mobiliza a subjetividade porque ela não se refere somente ao objeto da atenção (o carro), mas também a mim como observador que percebe o perigo. Mas essa consciência, ao mesmo tempo, do perigo externo e do fato que esse perigo me diz respeito é imediata, quase intuitiva; a reflexividade que a suscita é inconsciente. Esse caráter imediato, quase intuitivo, oculta o caráter reflexivo espontâneo da consciência.

Portanto, a consciência é simultaneamente reflexiva, intuitiva, subjetiva e objetivante.

A CONSCIÊNCIA HUMANA COMO EMERGÊNCIA

A consciência humana resulta em toda evidência de atividades neuronais inseparáveis do conjunto das atividades do cérebro. O pensamento reducionista de certos neurocientistas tende a dissolver a consciência em operações interneuronais. Esse reducionismo ignora um fenômeno fundamental próprio a todo sistema vivo: a emergência de propriedades inexistentes nos elementos constitutivos do sistema. Assim, a água possui propriedades que não estão presentes nos seus componentes: o hidrogênio ou oxigênio tomados isoladamente. Da mesma forma, uma bactéria é composta de moléculas físico-químicas, mas a sua organização complexa produz atividades, como a autorreprodução, a autorreparação, a nutrição e a cognição, que são propriedades emergentes. Uma célula viva é composta de elementos físico-químicos (átomos, moléculas), mas possui qualidades próprias complexas inoperantes e invisíveis na escala somente das suas moléculas. Essas emergências podem ser chamadas de "Vida".

- A consciência é a emergência de uma emergência

A cognição emerge das atividades organizadoras do cérebro.

A consciência de si emerge ela mesma da atividade cognitiva. Podemos dizer também que a mente é uma realidade emergente originária das atividades neurocerebrais, mas que adquiriu certa autonomia em relação a elas. Como todo sistema autônomo, a mente humana depende do que a produz e nutre. A cognição emerge das atividades cerebrais e se alimenta de informações, trocas, de comunicação. Do mesmo modo, a consciência emerge das atividades cognitivas e delas se alimenta enquanto acede à sua própria realidade.

Como não se pode deduzir um fenômeno de emergência simplesmente dos elementos que o constituem, a cognição e a consciência não podem ser deduzidas das atividades cerebrais que as produzem.

Nesse sentido, a consciência, como qualquer fenômeno emergente, não pode ser explicada pelas atividades cerebrais das quais depende. Pode ser observada, concebida, mas não "explicada".

- Quando a consciência vem à mente

A consciência só emerge em certos momentos: quando a cognição se transforma em atividade reflexiva, quando a mente se vê ela mesma agir. No resto do tempo, a consciência de si não está ausente, mas em espera.

No cinema, por exemplo, minha mente está imersa no filme, invadida por personagens de ficção com os quais me identifico. Nesse momento, minha consciência de mim (espectador na sua poltrona) permanece em modo de espera.

Acontece-lhe de enfrentar tempestades, delírios, eclipses. Às vezes, até mesmo, no auge do êxtase, a consciência parece se apagar no sentimento de fusão cósmica que Romain Rolland chamava de "consciência oceânica".

Eis o paradoxo da consciência humana: ela pode atingir picos de lucidez, alerta e vigilância e, em seguida, mergulhar na quase inconsciência, mesmo desperta, até subitamente acordar. Temos aí um profundo paradoxo: a consciência, às vezes, assume o controle e vigia nossas atividades mentais, nossos conhecimentos, e, outras vezes, entra em modo de espera.

A consciência de si está sempre virtualmente presente, sem que tenhamos de sempre pensar quem somos. Só estamos realmente conscientes de nós mesmos nesses momentos reflexivos particulares em que a consciência se toma ela mesma como objeto: quando surge a "consciência da consciência".

Descartes, depois Husserl, considerava a consciência humana como um fundamento e uma realidade primeira. Mas a maior parte do tempo a consciência não passa de um brilho tênue, um vigia hesitante.[10] Essa faculdade da qual os seres humanos se orgulham tanto está, contudo, sempre exposta à ambiguidade e à incerteza.

[10] Busquei mostrar isso na Ética, sexto volume de *O Método*.

A CONSCIÊNCIA DE SI

Há, na impossibilidade de explicá-la, um medo de conceber a consciência, partindo-se da noção de autorreferência.

Para compreender a consciência de si, deve-se romper com a interpretação puramente intuitiva e dedutiva do cogito cartesiano.

No cogito, "penso, logo existo", "penso" implica um "penso que penso", o que induz a um "eu *me* penso". Em *me* pensando meu Eu faz emergir meu Ser como uma realidade objetiva. Assim, o cogito dá consciência plena à consciência de si, ao mesmo tempo como Eu subjetivo e Ser objetivo.

O Ser como faceta objetiva do Eu implica a existência de um Eu com o qual se identifica. Por isso podemos dizer "eu sou eu". A conclusão do cogito é então a seguinte: "Eu sou objetivamente um ser subjetivo".

Encontramo-nos aqui numa situação de complexidade em que o sujeito é seu objeto, permanecendo sujeito.

A verdadeira conclusão a tirar é esta: eu sou um sujeito pensante, consciente de si mesmo graças a um anel retroativo que liga o Eu ao Ser e o Ser ao Eu. Um duplo anel se formou: eu posso me representar como um Ser objetivo e como um Eu sujeito. Subjetividade e objetividade do "eu sou" são intrinsecamente inseparáveis. A consciência de si pressupõe a tomada de consciência da identidade do Eu e do Ser.

O duplo anel recursivo de onde emerge o "eu sou" é evidentemente autorreferente. Não se refere a uma constatação exterior a si tanto quanto não nasce de uma introspecção. Eis a ideia capital a reter: a consciência de si é produzida por um dispositivo de autorreferência que leva em anel do Ser objetivo ao Eu subjetivo (e inversamente). Eu sou um ser subjetivo que existe objetivamente e *tomo consciência disso.*

O que é ser sujeito? Ser sujeito é se autoafirmar colocando-se no centro do mundo, ou seja, privilegiando sua posição de modo egocêntrico. Mas esse egocentrismo é submetido a uma força antagônica: a que consiste em poder nos integrar em um Nós e nos devotarmos a nossos próximos ou à nossa comunidade.

Há um aspecto autorreferente na medida em que, no sujeito, o eu está a serviço de si mesmo. Mas esse sujeito se torna auto-hétero-referente quando se coloca a serviço dos outros ou de uma comunidade à qual pertence – e que faz parte dele.

Penso o mundo e me penso de modo inseparável.

ÀS FONTES VIVAS DA CONSCIÊNCIA

Como veremos, a consciência de si humana é um desenvolvimento especialmente complexo do princípio de autorreferência presente em qualquer vida.

Toda organização viva é um sistema auto-organizado de maneira cognitiva. Mesmo os organismos unicelulares possuem formas de cognição (percepção, memória, comunicação[11]). Mas essa cognição biológica já supõe uma auto-

[11] Como bem destacou o neurobiólogo Francisco Varela (1946-2001).

cognição do organismo por ele mesmo.[12] Além disso, para poder se reproduzir (dividindo-se), a bactéria deve se autoconhecer, ou seja, duplicar o seu material genético. Enfim, a bactéria deve se alimentar de fontes de energia exterior, o que implica um conhecimento, certo, limitado, mas real, do seu meio ou ambiente.

Como todo ser vivo, a bactéria dispõe, portanto, de uma qualidade de *sujeito*, que se autoproduz. Ela se autoafirma também atuando de modo "egocêntrico". Ela possui outra qualidade do sujeito, a capacidade de se integrar em um Nós, o que faz cooperando com outras bactérias de diferentes maneiras: por exemplo, fornecendo a suas "irmãs" um gene de proteção contra os antibióticos, unindo-se em entidades policelulares provisórias ou em associações mais duráveis das quais nascerão organismos policelulares, que se tornarão vegetais ou animais.

COMPUTO ERGO SUM

Assim, todo ser vivo possui qualidades de sujeito, ao mesmo tempo antagônicas e complementares: egocentrismo (preocupação consigo e com sua sobrevivência) e altruísmo (preocupação com os outros e com a sobrevivência deles). Egocentrismo e altruísmo podem ser encontrados

[12] A auto-organização de toda célula possui um código informacional agora bem conhecido, que vai do DNA para o RNA e para a proteína, mas que compreende também uma retroação de informação em sentido inverso (da proteína para o RNA e depois para o DNA).

em qualquer ser vivo, unicelular, vegetal ou animal, e são equivalentes do Ser-Eu e do Nós dos humanos.

A bactéria tem uma atividade cognitiva, ao mesmo tempo, para si e para o outro.[13] O cogito humano não é mais do que o prolongamento complexo de um *dispositivo* já presente em escala unicelular. Nesse estágio, é totalmente legítimo falar em "consciência de si" da célula, da árvore, do animal, mas essa consciência não é mental, não é cerebral, mas orgânica e, portanto, inconsciente em termos mentais.

- Conhecimento auto-exo-referente

A consciência de si é o produto das atividades cognitivas presentes na organização de qualquer célula. Pode-se, então, inferir que um organismo pluricelular, vegetal ou animal, mesmo desprovido de cérebro, produz uma forma de cognição emergente associada à sua auto-organização e à sua sobrevivência.

Além disso, cada bactéria, ou todo ser pluricelular, inclui na sua organização um tipo de conhecimento auto-exo-referente: "auto", para uma organização de si, e "exo" para o conhecimento do meio exterior. Esse "auto-exo" representa uma verdadeira dialética própria a todo ser vivo. A organização do ser vivo comporta formas de autoconhecimento ativas, reativas e preditivas necessárias para sobreviver.

No que diz respeito ao ser humano, esse conhecimento auto-exo-referente está presente não apenas no seu or-

[13] Em *A vida da vida* (Método 2), chamei isso de um *computo,* uma computação em primeira pessoa, ou seja, uma atividade cognitiva de si para si, que trata dos dados vitais, em interação e retroação com seu ambiente.

ganismo, mas também na sua mente e na sua consciência. Essa consciência de si humana pressupõe, evidentemente, o desenvolvimento cerebral originário da hominização e do surgimento da cultura e da linguagem.

- Uma consciência de si sem cérebro, sem mente e sem pensamento

Toda consciência de si pressupõe a separação entre eu e não-eu, que é a base das reações imunológicas e de toda ação de preservação de si. Contém a consciência do não-eu, que é o seu meio, e do que lhe é útil ou prejudicial no seu ambiente.

Chegamos a esta constatação paradoxal: existe mesmo uma consciência sem mente, sem cérebro, sem pensamento. Essa consciência vegetal ou animal, por mais arcaica que seja, não está menos na origem, por complexificações sucessivas, de nossa consciência humana.

RUMO A UMA TOMADA DE CONSCIÊNCIA PLANETÁRIA?

Em conclusão: a consciência é uma realidade emergente que nunca seremos capazes de explicar a partir de dados somente biológicos ou cerebrais. Ela pode ser concebida, mas não "explicada", pois não é redutível aos elementos que a produzem.

A consciência nasce do caráter autorreferente dos circuitos de ação e retroação que emergem em todo organismo vivo. A vida implica, de fato, a auto-organização e a distinção entre o si e o não-si, o que pressupõe também formas de cognição bastante elementares em qualquer organismo vivo, seja ele unicelular, vegetal ou animal.

A consciência de si alimenta-se também de elementos estranhos a ela, que integra em si mesma.

O problema específico da consciência de si humana faz de nós um sujeito particular: consciente de ser sujeito. Um sujeito egocêntrico, mas que possui também a capacidade de empatia em relação a outros seres vivos e, sobretudo, a capacidade de integração em um Nós formado por todos os nossos "congêneres".

Todavia, essa consciência estando, com frequência, em modo de espera ou adormecida, os clarões da verdadeira consciência só representam uma parte da nossa vida mental.

A verdadeira consciência consiste em tomar consciência de si, o que pressupõe também tomar consciência de nossa dependência dos outros.

Em *Terra-Pátria*[14] propus desenvolver uma "tomada de consciência da comunidade de destinos dos seres humanos entre eles", o que implicava também uma verdadeira consciência de nossa dependência em relação à nossa frágil embarcação: o planeta Terra. Essa consciência planetária, a despeito de sua evidência, permanece muito pouco compartilhada, minoritária ou superficial, o que significa uma maioria de seres humanos vivendo ainda na inconsciência de um problema vital para todos.

---

[14] Em coautoria com Anne-Brigitte Kern. Porto Alegre: Sulina, 1995.

DEFESA DAS HUMANIDADES[15]

Não estou somente muito honrado, mas também particularmente feliz de dirigir-lhes uma mensagem como "paraninfo" por ocasião desta diplomação de novos doutores.

Por que feliz? Por poder exprimir a minha convicção sobre a crescente importância das humanidades num tempo dominado por uma concepção de saber que tende a reduzi-las a um luxo intelectual. Eu me preocupo com o declínio dos seus ensinamentos em benefício das ciências dotadas de rigor em cálculo e de técnicas de eficácia prática.

Essa concepção obedece à ideia de que a universidade deve adaptar a sua cultura às necessidades imediatas da sociedade, quando, na minha opinião, a missão da universidade é fundamentalmente de adaptar a sociedade à cultura. Essa cultura, das humanidades, é uma cultura trans-histórica, cujos autores e obras atravessam o tempo, as épocas, as sociedades, e cujas virtudes sempre se renovam e permanecem atuais. Pensem no quanto Heráclito, Empédocles, Platão e Aristóteles continuam atuais, o mesmo valendo para Homero e Eurípedes, assim como os grandes poetas e escritores do século XIX seguem vivos, enquanto que todas

[15] Discurso feito por ocasião da diplomação dos doutores de 2018 na Universidade Paul Valéry, em Montpellier.

as teorias científicas do século XIX foram abandonadas, exceto as da evolução e da termodinâmica, ambas, de resto, profundamente complementadas desde então.

Longe de mim querer desvalorizar a cultura científica. Sempre pensei que as grandes descobertas relativas ao universo e à vida devem ser integradas à cultura das humanidades, não somente porque fazemos parte desse universo físico e do mundo da vida, mas também pela razão de que o universo físico e o mundo da vida fazem parte de nós.

Então, nessa integração, a cultura das humanidades contribuiria com alguma coisa que lhe é própria e não faz parte da hiperespecialização científica: a reflexividade.

Vale lembrar que foi um filósofo quem apontou um buraco negro gigantesco na cultura científica. Husserl, na sua conferência sobre a crise da ciência europeia[16], mostrou que por mais lúcida e engenhosa que seja a ciência europeia, na sua busca por objetividade, ela é cega sobre a subjetividade, inclusive a do próprio cientista, e não dispõe de meios para tomar consciência e controle dos enormes poderes produzidos pela ciência contemporânea.

Ainda que as ciências iluminem muitas zonas obscuras para nossas mentes, a filosofia, com ajuda da história e da sociologia, permite iluminar as zonas obscuras da ciência.

Quero dizer que também o romance, o teatro e o cinema nos proporcionam, não apenas emoções estéticas, que constituem uma parte da qualidade poética das nossas vi-

---

[16] Conferência feita em 1935. Cf. *A crise das ciências europeias e a fenomenologia transcendental*. Rio de Janeiro: Forense, 2012.

das, mas nos proporcionam por meio dessas emoções um conhecimento do mundo humano que não pode ser oferecido nem pela sociologia nem pela psicologia, pois dão vida a indivíduos concretos, em ambientes concretos, com toda subjetividade deles. A literatura tem essa virtude de ser, ao mesmo tempo, meio de conhecimento e de ter finalidade emocional estética.

De resto, Antonio Damasio mostrou que a emoção é inseparável de uma atividade racional da mente: ela contribui para transmitir conhecimento. Eisenstein dizia, falando dos seus filmes, que queria que as imagens mostrassem sentimentos capazes de suscitar ideias.

A poesia nos dá uma emoção própria que nos põe em exaltação. Ora, essa capacidade de provocar uma emoção poética permeia a música, a literatura, a pintura e todas as artes. Essa emoção estética faz parte da qualidade poética da vida, o que nos ajuda a resistir à dominação do cálculo prosaico e do interesse egoísta na vida cotidiana, enchendo-nos de fervor, intensidade, comunhão.

Passo rapidamente às ciências humanas. Todas as pretensões à cientificidade no modelo da antiga física determinista são vãs. As ciências humanas possuem não apenas uma complexidade própria às realidades humanas, mas também uma problemática particular, pois os pesquisadores dessas disciplinas são humanos estudando humanos, de onde a necessidade permanente de autoanálise e de reflexividade. Elas carregam uma parte inevitável de ensaísmo. Fazem, portanto, parte, ao mesmo tempo, da cultura científica e da cultura das humanidades, e essa dupla face é a sua maior riqueza.

As ciências humanas me parecem ter por missão revelar as complexidades humanas específicas, ocultadas pela separação disciplinar. Elas têm também por missão revisar alguns conceitos-chave como o de desenvolvimento.

Eu queria dizer, enfim, que tudo aquilo que ignora ou desdenha as humanidades tem a ver com a barbárie intelectual.

À SOMBRA DA HISTÓRIA

A CONTRIBUIÇÃO CAPITAL DOS PÓS-MARRANOS À CULTURA HUMANISTA EUROPEIA E MUNDIAL

MONTAIGNE OU A SUPERAÇÃO DO JUDAÍSMO E DO CRISTIANISMO POR UMA RACIONALIDADE CÉTICA

Cavalheiro gascão, Michel Eyquem de Montaigne (1533-1592) era também, por parte de sua mãe Antoinette de Louppes de Villeneuve, descendente de judeus convertidos. Antoinette, originária da Espanha, descendia diretamente de Micer Pablo Lopez de Vilanueva, queimado vivo pela inquisição em 1491. Os avós maternos de Montaigne, imigrantes na França, eram comerciantes de arenque.

O nome do seu avô Eyquem soava português. Mas seria possível, naquele tempo de casamentos arranjados entre famílias de mesmo status, que um cavalheiro católico puro pudesse se casar com a filha hispano-judaica de um comerciante de peixes?

Na verdade, o bisavô paterno de Montaigne também vendia peixe salgado em Bordeaux. Ele comprou, em 10 de outubro de 1477, as casas nobres de Montaigne e Belbeys, assim como os vinhedos, bois, terras, campos e moinhos adjacentes.

Parece bastante plausível que o pai e a mãe de Montaigne tenham sido descendentes de judeus convertidos ou marranos.

O pai de Montaigne deu uma educação humanista a seu filho e o fez estudar no Colégio de Guyenne, um dos primeiros lugares onde se ensinava a racionalidade e o ceticismo. O criador e reitor do colégio era André de Gouveia, nascido em Beja, Portugal, também de origem marrana. Cabe acrescentar que o pai de Montaigne entregou a Antoine de Gouveia a carta de naturalização do rei Francisco I, o que o tornava francês.

A leitura dos *Ensaios* de Montaigne não mostra quase rastros dos Evangelhos e de Jesus Cristo, mas numerosas citações em grego e latim.

Como o padre dominicano Bartolomeu de las Casas, também descendente de marranos, que defendeu com firmeza, na controvérsia de Valladolid, que os indígenas americanos tinham alma humana, Montaigne teve compaixão por esses povos da América do Sul. Ele se interessava pelo destino deles e, à crítica de que eram bárbaros canibais, respondeu que eles comiam seus inimigos mortos, sem fazê-los sofrer, enquanto que os colonizadores espoliavam, exploravam e torturavam os indígenas. Escreveu: "Nada há de bárbaro e de selvagem nesse povo, pelo que me relataram, exceto que cada um chama de barbárie o que não está em conformidade com os seus costumes". Acrescentou: "Podemos muito bem chamá-los de bárbaros em relação às regras da razão, mas não em relação a nós, que os superamos em todo tipo de barbárie".

Montaigne foi, de certo modo, o primeiro indivíduo da civilização europeia a fazer autocrítica e o primeiro anticolonialista. O seu horror a perseguições não viria do conhecimento que tinha dos sofrimentos dos judeus perseguidos na Espanha?

A carta de Montaigne a seu pai relatando a morte de seu fraterno amigo La Boétie dá-nos uma estranha informação. Montaigne escreveu que, depois de ter recebido a extrema-unção do padre católico, La Boétie pronunciou estas surpreendentes palavras: "Morro nesta fé que Moisés plantou no Egito, que foi disseminada na Judeia e que de lá nossos pais nos trouxeram".

La Boétie também era de ascendência marrana? Isso lançaria uma luz suplementar ao "porque era ele; porque era eu".[17] Nada na origem dos seus ascendentes, do Périgord, e nas suas carreiras de magistrados permite supor que fosse marrano. Foi educado no mesmo colégio que Montaigne, o que pode ter contribuído para o seu espírito crítico e seu ódio à tirania, como vemos no seu livro sobre a servidão voluntária. Será que ele se interessou pelo judaísmo por influência de Montaigne, ambos mais sensíveis, racionalmente, ao monoteísmo judeu do que à trindade cristã? Teria se tornado secretamente um adorador do Deus de Moisés? Teria, ao morrer, confessado sua fé secreta?

[17] Frase célebre de Montaigne a respeito de sua amizade com La Boétie [N.T.].

Em todo caso, não pode ter sido por acaso ou inadvertência que Montaigne confiou essa confissão de fé a seu pai, o que parece confirmar que este não era apenas um cavalheiro gascão.

Montaigne era muito prudente nas suas declarações políticas e oficialmente católicas, mesmo se opondo às guerras de religião. Ele assumiria posteriormente a tese de La Boétie, que, denunciando a servidão voluntária, denunciava, ao mesmo tempo, os escravizadores e os tiranos. De resto, ele foi o editor, depois da morte de La Boétie, de seu livro-chave, *Discurso sobre a servidão voluntária.*

Como acontece com certos marranos, o choque interior entre a religião judaica e a religião cristã parece ter anulado ambas em Montaigne, resultando em ceticismo, estágio supremo do pós-marranismo, estágio inicial do pensamento laico.

Da mesma forma, não foi por ter sido um cavalheiro gascão que Montaigne foi um dos fundadores da cultura humanista, mas porque ele soube superar o judaísmo e o cristianismo com uma racionalidade cética. Foi também porque a memória das perseguições católicas espanholas permitiu-lhe tomar consciência das perseguições católicas aos ameríndios. Ele foi o primeiro a reconhecer a plena humanidade dos colonizados e perseguidos.

Todos esses elementos que reuni num conjunto coerente são conhecidos por especialistas em Montaigne, mas continuam dispersos e encobertos pelas marcas superficiais da versão sobre o cavalheiro gascão.

É notável que o ensaísta reconhecido como o mais francês dos franceses e que simboliza mais intensamente o humanismo francês, o que é verídico, tenha sido veridicamente um descendente consciente dos sefarditas ibéricos.

Montaigne é evidentemente o pai francês do verdadeiro humanismo francês, que reconhece a humanidade plena de todo indivíduo, qualquer que seja a sua origem. Ele é o pai de toda racionalidade, que sempre precisa do exercício da dúvida. O seu ceticismo é inseparável de seu rigor cognitivo. Ele é, o que embora evidente não é quase percebido, o pai da antropologia, o conhecimento da condição humana, que passa não somente pela observação dos outros e pelas referências aos gregos e latinos, mas também necessariamente pela autoanálise, o que ele ilumina quando assegura que cada um carrega em si a condição humana. Trata-se já implicitamente de uma asserção do pensamento complexo para o qual a parte não apenas está no todo, mas o todo (a espécie humana) está na parte (o indivíduo).

SPINOZA, A LIBERDADE DE FILOSOFAR

Originário de uma linhagem marrano-portuguesa, Baruch Spinoza (1632-1677) nasceu em Amsterdam, para onde a sua família havia fugido da Inquisição para viver nas tolerantes Províncias Unidas.

O pai de Baruch era praticante, mas o seu filho, consciente de que a Bíblia era de inspiração humana e não divina, renunciara a qualquer concepção antropomórfica de Deus. Manifestando abertamente o seu pensamento, fez-se rejeitar pelas autoridades rabínicas da cidade. Em 27 de julho de 1656, na grande sinagoga de Amsterdam, recebeu a maldição do herém: "Com ajuda do julgamento dos santos e dos anjos, excluímos, expulsamos, amaldiçoamos e execramos Baruch Spinoza com o consentimento de toda a sagrada comunidade, em presença de nossos livros sagrados e dos seiscentos e treze mandamentos neles contidos [...] Que ele seja maldito de dia; que ele seja maldito de noite; que ele seja maldito durante o sono e quando estiver acordado; que ele seja maldito quando entrar e quando sair. Que o Senhor nunca o perdoe; que o Senhor acenda contra esse homem toda a sua ira e derrame sobre ele todos os males mencionados no livro da Lei; que o seu nome seja apagado deste mundo para sempre e que Deus queira separá-lo de todas as tribos de Israel afligindo-o com todas as maldições contidas na Lei".

O final do documento completa a ruptura: "Saibam que não se deve ter com Spinoza relação alguma, nem escrita nem verbal. Que não lhe seja prestado nenhum favor e que ninguém se aproxime dele a menos de quatro côvados. Que ninguém fique sob o mesmo teto que ele e que ninguém leia qualquer um dos seus escritos".[18]

Spinoza saiu imediatamente de Amsterdam, indo se instalar em Haia. Ele se afastou das religiões e tornou-se

[18] Não deixa de ser extraordinário que a exclusão do partido stalinista seja feita usando quase os mesmos termos.

cortador de lentes óticas. Sempre atacado por suas concepções políticas e religiosas, seu *Tratado teológico-político*, no qual defende a liberdade de filosofar, foi censurado.

Spinoza realizou a grande revolução copernicana da filosofia europeia: a eliminação radical de um Deus criador superior e exterior ao mundo. Expulsou o Deus bíblico do seu trono e colocou no seu lugar a criatividade da Natureza, identificando Deus à Natureza: *Deus sive natura.*[19] Esse ateísmo que suprime o Deus superior à Natureza é, na verdade, um panteísmo, pois a substância divina está no mundo, inclusive no ser humano. O homem está na natureza, da qual faz parte. Carrega a sua criatividade.

Spinoza teve, além disso, a ousadia de considerar o livro sagrado dos judeus e dos cristãos, a Bíblia, como um escrito profano. Ele considera que as Escrituras são, antes de tudo, um texto de escriba, compósito, constituído de escritos talvez reunidos tardiamente por Esdras. Sustenta que o Pentateuco não foi escrito por Moisés e rejeita toda ideia de povo eleito. Essa primeira análise histórica levou-a à crítica das verdades reveladas da Bíblia e à primeira concepção laica das relações entre política e religião.

Além do mais, ele explicita politicamente o que continuava implícito em Montaigne: a liberdade política de pensamento. "Numa República livre é permitido a cada um pensar o que quiser e dizer o que pensa." Ele escreveu ainda: "A liberdade de filosofar é não apenas útil, mas necessá-

[19] Literalmente, "Deus, ou seja, a natureza".

ria à devoção; a liberdade de filosofar é não apenas útil, mas necessária à segurança do Estado".[20]

Como Hobbes havia teorizado de modo quase contemporâneo no *Leviatã* (1651), Spinoza sustenta que a religião deve estar submetida às leis comuns e, portanto, ao poder político. A liberdade de pensamento e de opinião é saudável. É a condição para o fim dos conflitos religiosos. Pode ser permitida sem restrições, salvo no que diz respeito à incitação ao ódio. Deve ser protegida pelo Estado como condição da paz civil.

"Ninguém pode abrir mão da liberdade de julgar e de pensar; cada um é senhor dos seus pensamentos." Para Spinoza, o Estado não deve reger todos os domínios da vida humana: "A natureza humana não pode absolutamente suportar restrições". E "querer tudo reger com leis é tornar os homens ruins".[21]

Spinoza não pôde publicar a sua obra-prima, *A Ética*, em vida. A despeito do aspecto hipercartesiano do seu racionalismo, que privilegia o modo de demonstração matemático-geométrico, a despeito do seu determinismo, da ciência nascente no século XVII, para o qual a liberdade se reduz a um conhecimento da necessidade, Spinoza, na *Ética*, supera esse determinismo pela exaltação política do livre pensamento. Leva em consideração a intuição, a afetividade, o querer-viver. Essa *conatus*, vontade de perseverar no seu ser, leva a contemplação

[20] As duas citações foram tiradas do *Tratado teológico-político*, capítulo XX, 1670.
[21] Ibid, capítulos V e XX.

do sábio à beatitude, estado quase místico ao qual conduz finalmente a prática da razão. Tudo mostra que não se pode reduzir a racionalidade de Spinoza à racionalidade fechada, nem seu pensamento a um racionalismo integrista.

Enfim, Spinoza é o apóstolo da compreensão: "Não rir, não chorar, não odiar, compreender". Aí também há explicitação do que está implícito, mas permanente, em Montaigne: "Abstive-me cuidadosamente de zombar das ações humanas, de sentir pena delas, ou de odiá-las. Só quis compreendê-las".[22] Spinoza teve mesmo a ousadia de denunciar não somente o ódio cristão pelos judeus, mas também o ódio judeu pelos cristãos.

Como Montaigne, mas de modo mais explícito, Spinoza realiza uma tomada de consciência para além do judaísmo e do cristianismo e chega a uma concepção do mundo em que Deus está ausente, mas não a criatividade.

CERVANTES, VITÓRIA DO MUNDO PROSAICO

Para Cervantes (1547-1616) também nenhuma fé religiosa esclarece sobre o mundo nem sobre a humanidade. O mundo humano é irremediavelmente prosaico. A aventura heroico-cômica de Dom Quixote tenta reencontrar a poesia mítica dos romances de cavalaria, mas o conduz de ilusão em ilusão. Dulcineia, o objeto de sua fé e do seu amor, é

[22] Ibid., Introdução.

um personagem imaginário, como se Cervantes quisesse demonstrar que o absoluto é uma quimera.

Cervantes completa a antropologia de Montaigne para quem cada indivíduo carrega em si toda a condição humana. Ele mostra com o par inseparável Quixote-Sancho Pança a unidualidade humana, que exige, ao mesmo tempo, a necessidade mitológica e a necessidade realista, simultaneamente o ideal e os pés no chão.

Dom Quixote exprime ao mesmo tempo a insuficiência de uma realidade prosaica e a ilusão do refúgio no imaginário. É a sua lucidez pós-marrana.

SHAKESPEARE, A HIPÓTESE MARRANA

Os questionamentos sobre a identidade de William Shakespeare (1564-1616) foram muitos ao final do século XIX. Sugeriu-se que o verdadeiro autor das suas peças seria um aristocrata (Eduard de Veres, conde de Oxford, ou William Stanley, conde de Derby), um dramaturgo letrado como Marlowe, ou um erudito como Bacon. De fato, é espantoso, para não dizer inacreditável, que o filho de um fabricante de luvas de Stratford-upon-Avon, aparentemente com pouca educação, tenha tido a imensa cultura demonstrada por suas peças.

Em 2009, o professor e escritor Lamberto Tassinari publicou *John Florio: The Man Who Was Shakespeare.*[23] Ele apre-

[23] Publicado na França com o título de *John Florio alias Shakespeare*, Le Bord de l'eau, 2016.

senta um grande número de argumentos para demonstrar que John Florio é o verdadeiro autor das peças de Shakespeare.

Ele indica que Florio foi o homem mais culto e talentoso da sua época, conselheiro privado da rainha, por isso interessado em discrição quando escrevia para o teatro. Esse protestante deixou a Itália fugindo da perseguição católica. Os seus ascendentes sicilianos eram judeus convertidos.[24]

John Florio era rico e tinha uma vasta cultura, dominava perfeitamente o inglês, o italiano, o francês; traduzira do inglês de forma magistral os *Ensaios* de Montaigne, do qual uma passagem aparece na *Tempestade* de Shakespeare. Se parece curioso que o nativo de Stratford-upon-Avon conheça Verona, Veneza, Roma, Coriolano, Titus Andronicus, Júlio César, Antônio e Cleópatra, Péricles, esse conhecimento soa natural no italiano Florio.

Não vou enumerar aqui o conjunto de argumentos de Tassinari para atribuir a Florio a verdadeira paternidade dos textos de Shakespeare. Quero apenas indicar que a filosofia das suas obras ignora totalmente o cristianismo, inclusive o anglicanismo instaurado pela rainha Elizabeth. Nada de salvação, de redenção, de Jesus Cristo, nem de Virgem Maria, mas um niilismo radical. O que é a vida? "*It is a tale. Told by an idiot, full of sound and fury, signifying nothing*".[25]

---

[24] A Sicília, que passou ao controle da coroa espanhola em 1442, obrigou os judeus a se converter ou se exilar, especialmente em Salônica, onde uma sinagoga chamava-se Sicília.

[25] "É uma história. Contada por um idiota, cheia de som e fúria, sem significado".

Shakespeare (ou Florio) leva mais longe do que Montaigne o ceticismo e mais longe do que Spinoza o ateísmo. A ausência de um Deus salvador e protetor, de Cristo e de Maria, é patente nas suas tragédias. O monólogo de Hamlet carrega incerteza e angústia e não conta com qualquer esperança de vida depois da morte: "Morrer... dormir, nada mais". A alternativa a ser (vivo) é não ser. A morte é "essa região inexplorada de onde viajante algum retorna".[26]

Nenhum Deus, nenhum anjo pede a Hamlet para punir os assassinos do seu pai: é o fantasma do defunto que se encarrega disso. Encontramos em Shakespeare fantasmas e feiticeiras, mas nunca o Deus salvador do cristianismo. Providência alguma guia os heróis shakespearianos, movidos apenas pelas ambições e loucuras do *Homo demens*.

O *Homo sapiens* aparece de modo excepcional com a sabedoria de Próspero em *A tempestade*. Para uma tirada de Gonzalo[27], Shakespeare se inspira diretamente de uma passagem de Montaigne em "Dos canibais", na tradução de John Florio, de 1603, algo que mesmo os mais puristas shakespearianos não colocam mais em dúvida.

Sublinhemos também, para sustentar a hipótese pós-marrana, a consciência de que o judeu, como mostra Shylock em *O mercador de Veneza,* é um homem como os outros: "Eu sou um judeu. Um judeu não tem olhos? Um judeu não tem olhos, órgãos, proporções, afeições, paixões? Não

[26] Shakespeare, *Hamlet*, ato III, cena 1, 1603.
[27] Shakespeare, *A Tempestade*, ato II, cena 1, 1610.

é alimentado com a mesma comida, ferido com as mesmas armas, não está sujeito às mesmas doenças, curado com os mesmos meios, não sente calor e frio no mesmo verão e no mesmo inverno que um cristão? Se você nos picar, não sangramos? Se nos fizer cócegas, não rimos? Se nos envenenar, não morremos? E se nos ofender, não nos vingaremos? Se somos iguais, de resto, nos pareceremos também nisso".[28]

Enquanto na França as pessoas se contentam em ignorar as origens marranas de Montaigne, e na Espanha elas são, às vezes, mencionadas em relação a Cervantes, a reação britânica é veemente e absoluta contra a tese de Tassinari de fazer de um imigrante italiano de ascendência judaica o verdadeiro autor das peças de Shakespeare. Os ingleses, mesmo os cultos, não suportam ver um italiano usurpar o lugar de sua glória nacional.

Lembro-me da ira do bom Peter Brook, que se tomou de amizade por mim, quando lhe perguntei o que ele achava da tese segundo a qual Florio seria o autor das peças de Shakespeare. "Todas as pessoas e críticos competentes sabem que essa tese é falsa!", ele me disse, furioso; e sua amizade por mim acabou.

Dito isto, é possível que um grande número de tragédias de Shakespeare seja produto de uma colaboração Florio-Shakespeare.

Assim, se meus argumentos são convincentes, o pós--marranismo, por meio dos legados de Montaigne, Cervan-

---

[28]Shakespeare, *O Mercador de Veneza*, ato III, cena 1, 1600.

tes, Spinoza e Florio-Shakespeare, estaria na origem do livre-pensamento humanista e laico que constitui a melhor contribuição da cultura europeia, não somente para ela mesma, mas também para a humanidade.

SEGUNDA GUERRA MUNDIAL: RELEMBRAR ALGUNS FATOS SUBESTIMADOS OU OCULTADOS

1. COMO O ARIANISMO CONTRIBUIU PARA A DERROTA DE HITLER

Como se sabe, os acordos de Munique, assinados em 30 de setembro de 1938, não apenas provocaram o desmantelamento da Tchecoslováquia como também agravaram as dificuldades de negociar uma aliança entre a França, o Reino Unido e a URSS contra a ameaça alemã na Polônia.

A União Soviética exigia que, em caso de ataque alemão na Polônia, as suas tropas pudessem entrar em território polonês, o que era rejeitado pelos ocidentais. Essa recusa favoreceu a conclusão, em agosto de 1939, do pacto germano-soviético.

A França e o Reino Unido declararam guerra à Alemanha em 3 de setembro de 1939, depois da invasão da Polônia por Hitler em 1º de setembro. Produzia-se, então, algo espantoso, para não dizer imbecil, cujo absurdo quase não foi notado. A declaração de guerra não foi acompanhada de qualquer ofensiva franco-britânica na Alemanha para aliviar e ajudar essa Polônia pela qual se havia declarado guerra e que se deixou passivamente ser desmembrada.

Seguiu-se um ano da chamada "guerra de mentirinha"[29], de total inação, exceto por uma expedição ao norte da longínqua Noruega, em Narvik, para "cortar a rota permanente do ferro para a Alemanha", segundo os termos de Paul Reynaud, primeiro-ministro francês. Mas a Alemanha abriu rapidamente outras rotas para o ferro.

A "guerra de mentirinha" terminou com os ataques de surpresa da Wehrmacht aos Países Baixos, Bélgica e Ardenas, tendo esta última ofensiva resultado em um novo e desastroso Sedan. Depois as forças alemãs avançaram para Dunquerque onde o contingente inglês estava prestes a embarcar e onde os franceses foram encurralados.

Aqui se dá outro acontecimento surpreendente e significativo. Hitler ordenou a suas tropas uma pausa de dois dias, o que deu tempo para o exército inglês embarcar.

Essa decisão se compreende facilmente. Hitler estava convencido de que podia se entender com os ingleses, esses "primos arianos". Além disso, uma facção importante do partido conservador no poder, assim como uma parte da Coroa britânica, desejava o tipo de paz que Hitler estava pronto para oferecer: para a Alemanha, a Europa; para o Reino Unido, os mares e suas colônias.

Esse cálculo tinha tudo para dar certo, não fosse o desastre das forças britânicas nos Países Baixos e na Bélgica ter provocado uma crise ministerial, com a demissão do "pacifista" Neville Chamberlain e sua substituição pelo

[29] Literalmente "drôle de guerra": guerra engraçada ou ridícula [N.T.].

enérgico Churchill, em 13 de maio de 1940. Churchill eliminou qualquer possibilidade de paz separada e preparou o seu país para uma guerra total, prometendo "sangue, trabalho, lágrimas e suor".

Essa resistência inesperada do primo ariano num momento em que a França se achava totalmente invadida e vencida deixou Hitler furioso. Ele lançaria ataques diários massivos sobre Londres a partir de 7 de setembro de 1940. Como todos os outros bombardeios de terror que se seguiram na história, a população não se deixou abater. A blitz, ao contrário, galvanizou a defesa heroica dos aviões da RAF, até que a Luftwaffe cessou os bombardeios, em 21 de maio de 1941.

Hitler, porém, nunca abandonou a sua esperança ilusória num entendimento com o Reino Unido. Se não por sua instigação, foi nesse espírito que Rudolf Hess, um dos seus colaboradores mais próximos, desembarcou do avião na Escócia, em 10 de maio de 1941, um mês antes do ataque alemão na URSS.

De resto, durante o avanço das tropas soviéticas na Polônia e depois na própria Alemanha, Hitler e o seu entorno continuaram convencidos de que os anglo-americanos se voltariam contra a União Soviética. Eles ignoravam o que aconteceria depois que capitulassem.

O mito ariano foi uma das causas da cegueira de Hitler sobre a posição britânica. Foi também uma das causas do seu fracasso na URSS.

As nações europeias haviam colonizado uma grande parte do mundo, o que estimulava Hitler a querer colonizar os territórios eslavos, especialmente os do império soviético, convencido de que, como indica o nome, o eslavo era feito para ser escravo. Assim, a colonização da URSS permaneceu o seu objetivo prioritário – o que Stalin, confiante numa complementaridade durável com o pacto germano-soviético, não percebeu.

A invasão da URSS foi feita em condições particularmente impiedosas para os povos ocupados, inclusive para o povo ucraniano, que, esmagado e sangrado pela kolkozificação forçada, a deportação massiva dos gulags (camponeses pretensamente abastados) e a grande fome de 1932-1933, acolheu os alemães como libertadores, mas foi vítima do nazismo como as outras nações da URSS.

A opressão nazista favoreceu o patriotismo e a resistência soviética. Os desastres militares estimularam Stalin a substituir seus generais, cortesãos incompetentes, por chefes de valor, tendo assimilado as lições do general Tukhachevsky, que mandaria assassinar. Por fim, os generais eslavos Jukov, Koniev e Rokossovsky revelaram-se melhores estrategistas do que von Rundstedt e Manstein.

A vitória dos eslavos sobre os supostos arianos foi um golpe fatal para a ideologia nazista, salvo no que diz respeito ao antissemitismo, baseado no ódio ao judeu, que se tornou cada vez mais virulento, até que se tornou genocida.

Esse antissemitismo levou para o exílio nos Estados Unidos Einstein e muitos outros cientistas. Fez Oppenheimer produzir a arma atômica, prevista, na origem, para ser usada contra a Alemanha, batida antes que a bomba estivesse pronta. Em resumo, o antissemitismo nazista fortaleceu os Estados Unidos científica, técnica, militar, política e culturalmente.

Assim, a imbecilidade cega do arianismo contribuiu para a derrota de Hitler.

2. FRANCO SERVIU OBJETIVAMENTE À CAUSA DO REINO UNIDO

Enquanto Laval e von Ribbentrop negociavam as bases da colaboração, Hitler esteve secretamente em Hendaye, em 23 de outubro de 1940, para encontrar Franco e pedir-lhe que entrasse na guerra. As versões sobre essas negociações são bem diferentes, pois nem a Espanha, nem os Estados Unidos, abriram os seus arquivos. Hitler oferecia o Marrocos e a metade da Argélia à Espanha em troca da passagem das tropas alemãs na África do Norte rumo a Suez e ao petróleo do Oriente Médio. Segundo outra versão, ele só oferecia Gibraltar, de medo que o império colonial francês abandonasse Vichy e passasse para o lado inglês. Dada a insistência de Hitler para que Franco entrasse em guerra, a primeira versão me parece a mais provável. Franco teria, por seu turno, multiplicado as contrapropostas impossíveis de serem aceitas pela Alemanha ou sem qualquer interesse estratégico.

Por que Franco se recusou a seguir a Alemanha nazista numa guerra até então vitoriosa, sabendo-se que, junto com a Itália fascista, a Alemanha foi o seu principal apoio?

O astuto caudilho teria evocado o seu país arruinado pela guerra civil, mas se pode pensar que, sobretudo, ele não queria entrar em conflito com o Reino Unido, que continuava invencível. Posso supor também, embora sem evidências, que Franco, consciente de sua origem marrana, não suportou o antissemitismo racial nazista, ainda mais que a Espanha católica havia, até certo ponto, integrado os judeus convertidos. O franquismo baseava-se na união da Espanha reacionária clerical com a Falange quase fascista. O poder de Franco instrumentalizou a Falange e enviou os seus membros para a frente de combate da URSS ao lado da Wehrmacht.[30]

De tudo isso fica que o sinistro Franco freou por um tempo o projeto africano de Hitler, salvou, talvez, o Reino Unido no Egito, mas consolidou, em contrapartida, sem o querer, o petainismo do império colonial francês, que não aderiu à causa aliada.

De fato, desde setembro de 1940, os italianos, senhores da Líbia, atacaram em vão os britânicos no Egito. Rommel interveio em fevereiro de 1941 na Líbia, mas não conseguiu conquistar o Egito. Enquanto o exército britânico beneficiava-se com a resistência francesa em Bir Hakeim, em maio de 1942, Rommel foi vencido em El-Alamein, em 3 de novembro de 1942.

Nunca saberemos com certeza se Franco desempenhou um papel no fracasso do Afrika Korps em conquistar

[30] Um fato interessante: Dioniso Ridruejo, defensor da Falange durante a Guerra Civil, tornou-se um dos primeiros resistentes ao franquismo ao voltar da frente russa. Eu o conheci depois da guerra, tornei-me seu amigo e admirador da sua coragem.

Suez. Mas, se é verdade que recusou Gibraltar, quem sabe até uma parte da África do Norte, pode-se dizer que Franco serviu objetivamente à causa dos britânicos.

3. A DERROTA ALEMÃ EM DEZEMBRO DE 1941 ACELEROU A "SOLUÇÃO FINAL"

O despreparo e a surpresa de Stalin foram totais quando a Wehrmacht atacou a URSS em 22 de junho de 1941. Mesmo prevenido por Sorge, seu agente no Japão, e pelos serviços secretos britânicos, ele preferiu crer em falsas informações. Não lhe era possível conceber que Churchill colocaria o antinazismo à frente do anticomunismo.

Stalin, esse desconfiado patológico, confiava em Hitler. Em meio à assinatura do pacto por von Ribbentrop e Molotov, ele se aproximou insensivelmente do embaixador da Alemanha e cochichou-lhe (o que foi ouvido e relatado pelo embaixador japonês postado diante de Stalin): "Diga ao seu *führer* que eu aprovo totalmente a sua política em relação aos judeus".

Na verdade, Stalin entregou para a Alemanha nazista – que os enviou imediatamente para campos de concentração – os trezentos e cinquenta comunistas alemães que, fugindo do Reich, haviam se refugiado na URSS. Entre eles estava Margaret Buber-Neumann, nora do filósofo Martin Buber e, depois do seu divórcio, companheira de Heinz Neumann, líder comunista alemão eliminado por Stalin em 1937. Ela sobreviveu ao gulag e ao campo de concentração nazista e testemunhou depois da guerra.

Fica evidente para mim que o pacto germano-soviético não foi para Stalin uma astúcia com a finalidade de ganhar tempo, mas a possibilidade real de uma partilha da Europa com Hitler.

A Alemanha atacou a URSS em 22 de junho de 1941 e não, como previsto, em maio. Esse atraso é imputado a Mussolini, que, bloqueado na Grécia, pediu socorro a Hitler. A Wehrmacht, invadindo a Iugoslávia e depois a Grécia, perdeu um mês precioso. No outono de 1942, a *rasputitsa* e a sua enorme lama bloquearam os veículos e os homens e retardaram ao extremo o avanço alemão para Moscou. Enfim, o gelo paralisou a Wehrmacht nas portas de Moscou. Um mês antes, a cidade teria provavelmente caído. Por outro lado, tendo Stalin sido informado de que o Japão não atacaria a Sibéria, o general Jukov pôde transportar, pelo transiberiano, para a frente de Moscou, tropas bem equipadas e acostumadas ao frio.

Em 6 de dezembro de 1941, Jukov lançou a ofensiva que liberou Moscou e empurrou a Wehrmacht duzentos quilômetros para trás. Dia 7, o Japão atacou Pearl Harbor arrastando os Estados Unidos para a guerra. Em quarenta e oito horas o destino do mundo foi alterado.

A provável dominação duradoura da Alemanha sobre a Europa tornou-se improvável, enquanto que a improvável libertação da Europa começou a tornar-se provável.

A terrível consequência da derrota alemã do fim de 1941 foi que Hitler, entrevendo repentinamente a possibilidade de um desastre total, não conseguiu suportar a hipótese de uma "vitória dos judeus". Em 20 de janeiro de 1942, na Conferência de Wannsee, foi decidida a eliminação física dos judeus europeus; a construção dos campos da morte se deu na primavera, seguida imediatamente pelas deportações em massa e pelos massacres.

4. STALINGRADO SÓ ERA INICIALMENTE UM OBJETIVO POLÍTICO PARA HITLER

A grande ofensiva alemã de 1942 visava o Cáucaso e suas riquezas petrolíferas. A rota do Cáucaso não passava de modo algum por Stalingrado, situada bem à leste. Mas Hitler pensou que uma parte da Wehrmacht podia ser desviada para Stalingrado, cuja tomada teria um impacto enorme sobre a imagem de Stalin na URSS e no mundo.

O exército de Paulus entrou na cidade em 23 de agosto de 1942 e ferozes combates foram travados de prédio em prédio, de andar em andar, até que Hitler pôde anunciar oficialmente a queda da cidade, conquistada inteiramente, à exceção de uma pequena faixa ao longo do Volga por onde à noite chegavam reforços sempre repelidos. Enquanto o general Chuikov resistia desesperadamente em sua faixa de terra, Jukov preparou o gigantesco cerco das tropas de Paulus e lançou a ofensiva que aniquilou o exército de Paulus e fez seu chefe capitular. Assim, Hitler foi o gatilho cego da mais espetacular vitória de Stalin e de sua glorificação mundial.

5. OS ÚLTIMOS DEFENSORES DO REICH NÃO FORAM OS ALEMÃES

Enquanto os exércitos de Koniev, Jukov e Rokissovski avançavam para Berlim, em abril de 1945, as tropas que defendiam a chancelaria de Hitler, onde ele se refugiou no seu bunker subterrâneo, não eram alemãs. Além de algumas crianças e idosos, os soldados na linha de fogo eram holandeses, franceses, noruegueses, belgas e outros fascistas europeus. Os oficiais alemães tinham desistido de lutar, estavam fazendo orgias, embriagando-se, cometendo suicídio, fugindo.

Assim, os últimos defensores do Reich não foram os alemães, mas voluntários de nações vizinhas escravizadas, iluminados pelo mito de uma Europa Nacional-Socialista.

A REDE[31]

Experimento esta derradeira felicidade de ver, enfim, reconhecida e narrada uma das mais magníficas aventuras da Resistência, que começou já em 1940, no stalag XI-B, com prisioneiros recalcitrantes e fugitivos fracassados, e onde nasceu uma extraordinária organização clandestina. Ela chegou até mesmo a fabricar documentos falsos de repatriação utilizados, entre outros, por organizadores e líderes do movimento, André Ulmann e Michel Cailliau, que criaram e desenvolveram na França o Movimento de Resistência dos Prisioneiros de Guerra Deportados (MR-PGD). Mantendo a luta na França, eles a prosseguiram na "frente interna alemã", incitando os prisioneiros empregados nas fábricas a sabotar as atividades, e os soldados a desertar.

Minha alegria vem, sobretudo, de que um dos chefes mais valorosos e corajosos da Resistência, Michel Cailliau, de resto, sobrinho de De Gaulle, ignorado por todos os historiadores que trataram desse período, seja, enfim, reconhecido pelas suas magníficas ações e por sua personalidade extraordinária. Estou contente de ter estimulado Emmanuel Lemieux a descobrir Michel Cailliau, cujo pseudônimo

---

[31] Posfácio ao livro de Emmanuel Lemieux *Le Réseau. Les derniers secrets de la Résistance* [A rede: os últimos segredos da resistência]. Éditions du Cerf, 2023.

era Charette. O seu livro conta uma epopeia desconhecida, ocultada. É um pedaço da história que ressurge do nada.

Membro do MRPGD e após do MNPGD, depois que Mitterrand afastou Cailliau, permanecendo fiel à sua rede, sou hoje uma testemunha, podendo atestar a autenticidade das páginas desta singular e admirável aventura, na qual conheci tantas personalidades extraordinárias, também esquecidas, que Emmanuel Lemmiex resgata do esquecimento.

No momento de fechar este livro reaparecem para mim todos os meus amigos, ou melhor, meus irmãos, do colégio e da Resistência, Jacques-Francis Rolland, Claude Dreyfus, Joseph Récanati, Blaise Retiès. Tínhamos apenas vinte anos e colocávamos nossas vidas em jogo.

Penso em Jean, o alemão, ou melhor, Gerhard Kratzat, que foi meu assistente e que morreu fuzilado depois de ser torturado pela milícia e por Klaus Barbie. Penso em Félix Kreissler, o amigo comunista austríaco, cuja organização clandestina eu pude ajudar, que foi deportado para Buchenwald. Estou também em companhia da alma excepcional de um Pierre Le Moign, ou pelo charme hipnótico de André Ulmann. Este livro repara uma memória dilacerada e reabilita fantasmas maravilhosos como os do *Club des Tordus*.[32]

Já em 1940, Michel Cailliau e seus amigos criaram, no próprio stalag XI-B, uma organização de resistência bas-

[32] *Club des Tordus*: movimento de resistência criado em 1940 [N.T.]. Literalmente seria clube dos curvados ou torcidos. Usa-se o termo figurativamente para amalucados, atrapalhados.

tante original. Quando eu me juntei a eles, no começo de 1943, em Lyon, e depois organizei o movimento em Toulouse, o MRPGD distinguia-se por elementos específicos. Era franco-alemão, operando entre os dois países junto com alemães antinazistas. Era gaullista-comunista (eu sou um pequeno submarino vermelho). Era judaico-cristão (depois da guerra detratores acusaram Michel de antissemitismo, algo totalmente absurdo). Era também misto: tinha a ousada Clara Malraux, que me fez entrar na Resistência, Violette, a moça do casaco lilás, minha companheira de amor e que se tornaria minha esposa, Marguerite Duras, a rainha das abelhas.

Na loucura de tortura e morte que nos cercava, amei Dionys Mascolo, amizade à primeira vista. Amei Morland, ousado e extravagante (menos o político que se tornaria).

Eu amava Charette, com sua coragem incrível e sua bela e enérgica vibração.

Graças a todos é que pude me tornar Edgar Morin.

Ignoro que ensinamento poderão tirar disso as gerações do século XXI. Enfrentamos a guerra total, que modificou as novas vidas, os nossos destinos, a nossa maneira de pensar. Formamos uma resistência, que nos formou.

Eu tiro a lição de que se deve resistir a todas as injustiças, a todos os processos regressivos, bárbaros ou destrutivos que, hoje, ameaçam cada indivíduo e toda a humanidade.

MUDAR DE VIA

A DEMOCRACIA

Democracia é, antes de tudo, a separação dos poderes: o executivo, que comanda, o legislativo, que faz as leis, e o judiciário, que administra a justiça. Esses poderes precisam ser independentes.

A democracia pressupõe uma pluralidade de ideias que se confrontam e que se opõem. Há perigo, pois oposições radicais podem, extrapolando o plano do discurso, transformar-se em oposições físicas. Às vezes, socos são trocados em certas câmaras de deputados. Muito mais graves são os golpes militares e golpes de Estado que suprimem a democracia, um regime que exige o reconhecimento de protagonistas que pensam diferente uns dos outros. Voltaire dizia, falando de um dos seus inimigos: "Senhor, eu detesto as suas ideias, mas estou pronto a arriscar a minha para que possa exprimi-las". Certo sofrimento deve ser aceito em nome da tolerância de ideias que horrorizam. Também se deve considerar o que Pascal evocava e acontece com frequência: "O contrário de uma verdade é uma verdade contrária", ou seja, nem sempre uma verdade se opõe a um erro; às vezes, o oponente exprime outro aspecto da realidade. Uma boa democracia é uma democracia na qual as boas sugestões dos adversários são aceitas e integradas na ação política; o jogo de antagonismos deve ser produtivo e não estéril.

Há, porém, um calcanhar de Aquiles no princípio de antagonismo de ideias: em que medida se pode tolerar a expressão e o desenvolvimento de ideias ou de partidos cujo objetivo explícito é a destruição da democracia? Vale lembrar que o partido nazista de Hitler alcançou democraticamente maioria no parlamento. Karl Popper defende que a democracia deve ser intolerante com os intolerantes. Haveria um limite a partir do qual a democracia deve se proteger eliminando os destruidores da vida política. Esse limite não pode ser fixado de antemão, pois depende das condições históricas do momento.

Esquece-se, com frequência, outro aspecto da democracia, o respeito às minorias. Às vezes, minorias que não têm a possibilidade demográfica de ter seus representantes ou que possuem um status inferior, humilhante, sendo ignoradas. Numa democracia, as minorias de origem étnica, ideológica ou religiosa devem ser respeitadas e regras devem permitir que se expressem.

Chego ao ponto mais delicado e difícil da democracia, bem destacado pelo filósofo Claude Lefort, que dizia: "A democracia não tem uma verdade". A democracia entrega o poder, por alguns anos, à verdade de um partido, diferentemente de um regime totalitário ou de um regime teocrático, nos quais só há uma verdade absoluta e permanente.

É preciso aceitar que a democracia não tem uma verdade. Admitir essa característica própria à democracia, que não impõe qualquer verdade, mas que deixa o jogo das verdades diversas se expressar por meio do voto dos seus cidadãos.

Isso, de resto, explica a dificuldade e a lentidão de enraizamento das democracias na história. Na Inglaterra, uma ilha que nunca mais foi invadida desde Guilherme, o conquistador, há mil anos, a democracia conseguiu lentamente certa continuidade para se estabilizar, só desabrochando mesmo no começo do século XX. Na França, a democracia durou alguns anos, sendo derrubada pelo Termidor, pelo general Bonaparte, pela Restauração, etc. A França conheceu muitos eclipses democráticos. A democracia é um sistema delicado, frágil, mas necessário para que seja possível tornar-se e sentir-se cidadão, responsável em relação aos concidadãos.

Dito isso, a democracia pressupõe também pluralidade de informação. Para votar, para decidir, é preciso saber o que se passa no país e no mundo. Durante muito tempo, não se teve qualquer informação objetiva sobre a União Soviética. Muitos acreditavam que era aquilo que proclamavam os seus magníficos ideais de fraternidade e igualdade. Foram necessários vários anos para que se descobrisse a realidade; os eleitores ingênuos, que acreditavam nas narrativas soviéticas, votavam em comunistas em total boa-fé, na convicção de escolher o melhor regime. Da mesma maneira, não se sabia exatamente o que acontecia na China de Mao. Precisamos, portanto, de pluralidade de informação, de veículos de mídia com tendências diferentes, tanto no plano das opiniões quanto no plano das fontes. Uma fonte única de informação não é necessariamente confiável.

A dificuldade cresce na medida em que vivemos numa época em que muitos problemas apresentam aspectos técnicos ignorados pelos cidadãos comuns. Não sabemos como funciona uma bomba atômica ou uma central nuclear. Economistas pretendem conhecer os rumos da economia, mas sabemos que existem várias escolas econômicas e que cada uma pretende deter a verdade. São questões difíceis que os tempos modernos nos obrigam a levar em consideração. Nesse sentido, a educação desempenha um papel importante nisso tudo. Não falo somente da educação escolar, mas de uma educação que possa ser ministrada nas universidades populares, fornecendo aos adultos informações essenciais sobre problemas importantes a fim de que possam refletir e decidir em conhecimento de causa.

MUDAR DE VIA, MUDAR DE VIDA

Somos muitos, mas dispersos, suportando cada vez mais dificilmente a hegemonia do lucro, do dinheiro, do cálculo (estatística, crescimento, PIB, pesquisas de opinião), que ignoram as nossas verdadeiras necessidades, assim como as nossas legítimas aspirações a uma vida, ao mesmo tempo, autônoma e comunitária.

Somos muitos, mas separados e compartimentados, desejando que a tríade "liberdade, igualdade, fraternidade" se torne a norma da vida pessoal e social e não uma máscara para o crescimento das servidões, desigualdades e egoísmos.

Ao longo das últimas décadas, com a hegemonia da economia liberal globalizada, a busca pelo lucro se acelerou em detrimento das solidariedades e da convivência; as conquistas sociais foram, em parte, anuladas; a vida urbana degradou-se; os produtos perderam qualidade (obsolescência programada, defeitos escondidos); os alimentos perderam suas virtudes, sabores e gostos.

Certo, numerosos oásis de vida amorosa, familiar, fraternal, amigável, solidária e lúdica mostram a resistência do querer bem viver. A civilização do lucro e do cálculo nunca poderá destruí-los. Mas esses oásis continuam muito dispersos e sem conexão uns com os outros. Porém, eles estão crescendo e a aproximação entre eles esboça a face de outra civilização possível.

A consciência ecológica, nascida da ciência de mesmo nome, indica-nos não apenas a necessidade de desenvolver fontes de energia limpas e de eliminar progressivamente as outras, inclusive a perigosa energia nuclear, mas também de destinar uma parte cada vez maior da economia à limpeza das cidades poluídas e à salubridade da agricultura, ou seja, diminuir a agricultura e a pecuária industrializadas em favor da agricultura familiar e agroecológica.

Uma formidável recuperação da economia feita nesse sentido, estimulada pelos desenvolvimentos da economia social e solidária, permitiria uma muito importante redução da precariedade do trabalho.

Uma reforma das condições de trabalho seria necessária em nome da própria rentabilidade que hoje produz a mecanização dos comportamentos, até mesmo a robotização, o *burn-out*, doenças e desemprego – o que diminui, portanto, a tão buscada rentabilidade. Na realidade, a rentabilidade não pode ser alcançada pela robotização dos comportamentos, mas pelo pleno emprego da personalidade e da responsabilidade dos empregados. A reforma do Estado não deve ser pensada como redução ou aumento dos efetivos, mas como desburocratização, ou seja, comunicação entre o que está compartimentado, iniciativas e retroações constantes entre os níveis de direção e de execução.

É decisiva a reforma do consumo. Ela permitiria uma seleção esclarecida dos produtos de acordo com suas reais qualidades e não em função de virtudes imaginárias propagadas pela publicidade ou por influenciadores, o que levaria à diminuição das intoxicações consumistas (entre as quais as intoxicações automobilísticas e alimentares). O gosto, o sabor e a estética guiariam o consumo, o qual, desenvolvendo-se, faria regredir a agricultura industrializada, o consumo insípido e malsão e, assim, o domínio do lucro.

O desenvolvimento das cadeias curtas, especialmente para a alimentação, via feiras e associações, favoreceria a nossa saúde e frearia a hegemonia dos grandes supermercados e dos produtos ultraprocessados.

Por outro lado, a resistência aos produtos com obsolescência programada (carros, geladeiras, computadores, celulares, meias) favoreceria uma produção neoartesanal. Além disso, estimular o comércio de proximidade humanizaria as nossas cidades. Tudo isso provocaria a regressão dessa formidável força tecnoeconômica que empurra para o anonimato, para a ausência de relações cordiais com os outros, às vezes, num mesmo edifício.

Os consumidores, ou seja, o conjunto de cidadãos, adquiriram um poder que, na falta de organização coletiva, permanece invisível, mas que poderia, havendo consciência de sua existência, tornar-se esclarecedor e determinar uma nova orientação não somente à economia (indústria, agricultura, distribuição), mas às nossas vidas para mais convivência.

Uma nova civilização tenderia a restaurar solidariedades locais ou a instaurar novas solidariedades nas pequenas cidades e em bairros das grandes cidades. Ela estimularia a convivência, as necessidades humanas básicas, inibindo a vida racionalizada, cronometrada, voltada para a eficácia.

Podemos reencontrar as qualidades do bem-viver pelas vias de uma reforma existencial.

Devemos reconquistar tempo para os nossos ritmos próprios, que só obedeceria parcialmente à pressão cronométrica. Poderemos alternar períodos de aceleração (inebriantes) com períodos de lentidão (tranquilizantes).

Precisamos retomar o gosto por uma vida poetizada pela festa e pela comunhão nas artes, no teatro, no cinema, na dança.

Para além da nossa esfera cotidiana, aspiramos a participar do mundo, tomamos consciência de nosso pertencimento à humanidade, hoje interdependente. Cremos, como Montaigne dizia já no século XVI, que "todo homem é nosso compatriota" e que o humanismo se define pelo respeito de todo ser humano. As nossas pátrias, em suas singularidades, fazem parte da comunidade humana. As nossas individualidades, em suas singularidades, fazem parte da comunidade humana. Os problemas e perigos vitais acarretados pela globalização ligam, doravante, todos os seres humanos numa comunidade de destino. Temos de reconhecer nossa pátria terrena (o que faz de nós filhos da Terra), nossa pátria terrestre (que nos integra em diversas pátrias), nossa cidadania terrestre (que determina nossa responsabilidade no destino da Terra). Cada um de nós é um momento, uma partícula da gigantesca e inacreditável aventura originária do *Homo sapiens-demens*. Essa aventura, carregada pelo nascimento, pela grandeza e pela queda dos impérios e civilizações, é levada para um devir no qual tudo o que parecia impossível tornou-se possível, para bem ou mal. Assim, um humanismo aprofundado e regenerado é necessário à nossa vontade de reumanizar e regenerar nossos países, nossos continentes, nosso planeta.

A globalização, com suas oportunidades e, sobretudo, ameaças, criou uma comunidade de destinos para todos os humanos. Todos temos de enfrentar a degradação ecológica, a multiplicação das armas de destruição massiva, a hegemonia das finanças, o retorno da guerra na Europa. Paradoxalmente, no momento em que se deveria tomar consciência solidariamente da comunidade de destino de todos os terráqueos, sob o efeito da crise planetária e das angústias provocadas por ela, por toda parte nos refugiamos em particularismos étnicos, nacionais, religiosos.

Convocamos cada um a tomar a necessária consciência da situação e aspiramos que isso se generalize para que os grandes problemas sejam, enfim, tratados na escala planetária.

O PENSAMENTO SOCIALISTA EM RUÍNAS. QUE SE PODE ESPERAR?[33]

O sentido da palavra "socialismo" desvalorizou-se totalmente na prática do socialismo totalitário e depois caiu em completo descrédito com a sua queda. O sentido da palavra "socialismo" esgarçou-se na social-democracia, que terminou quase sem fôlego por toda parte onde governou. Podemos, então, perguntar se o uso dessa palavra ainda é recomendável? Entretanto, o que fica e ficará são as aspirações expressas com o termo: aspirações, ao mesmo tempo, libertárias e fraternais, aspirações ao pleno desenvolvimento humano e a uma sociedade melhor.

Inflado pela seiva dessas aspirações, ao longo dos séculos XIX e XX, o socialismo trouxe uma imensa esperança. É essa esperança, hoje morta, que não pode ser inteiramente recuperada. Pode-se criar uma nova esperança? Precisamos retomar três questões colocadas por Kant há dois séculos: "Que posso saber?", "que devo fazer?, "que posso esperar?" Os socialistas do século XIX tinham compreendido bem a interdependência dessas três perguntas. Eles só responderam à terceira depois de questionar os saberes da época, não apenas sobre economia e sociedade, mas também so-

[33] Este texto escrito há mais de 30 anos está mais atual do que nunca.

bre o homem e o mundo; o empreendimento de pesquisa mais complexo e sintético foi realizado por Karl Marx, com ajuda de Friedrich Engels. Sobre essa base cognitiva, Marx elaborou um pensamento que deu sentido, convicção e esperança às mensagens socialistas e comunistas.

Atualmente o problema não é mais de saber se a doutrina marxista está ou não morta. Mas de reconhecer que os fundamentos cognitivos do pensamento marxista são inadequados para compreender o mundo, o homem, a sociedade. Para Marx, a ciência garantia a certeza. Hoje, sabemos que as ciências oferecem certezas locais, mas que as teorias são científicas na medida em que elas são passíveis de refutação, ou seja, não definitivas. Sobre as questões fundamentais, o conhecimento científico desemboca em incertezas insondáveis. Para Marx, a certeza científica eliminava o questionamento filosófico. Hoje, sabemos que todos os progressos científicos só reanimam as questões filosóficas fundamentais. Marx acreditava que a realidade era a matéria primeira do Universo. Hoje, a matéria é um dos aspectos da realidade física polimorfa.

Para Marx, o mundo era determinista. Ele acreditava ter identificado as leis da mudança. Hoje, sabemos que os mundos físico, biológico e humano evoluem, cada um do seu jeito, de acordo com dialéticas de ordem, desordem, organização, enfrentando imprevistos e bifurcações, tudo sob a ameaça permanente da destruição. As ideias de autonomia e de liberdade eram inconcebíveis nessa perspectiva determinista. Hoje, podemos conceber cientificamente a auto-organização e a autoprodução e compreender que o indivíduo, assim como a sociedade humana, é uma máquina não trivial, capaz de ações inesperadas e criadoras.

LITANIAS E PRAGMATISMO

A concepção marxista do homem era unidimensional e pobre: nem o imaginário nem o mito faziam parte da realidade humana profunda.

O ser humano era um *Homo faber*, sem interioridade, sem complexidades, um produtor prometeico fadado a derrubar os deuses e a dominar o universo. Ora, Montaigne, Pascal e Shakespeare já haviam visto que se trata de um *Homo sapiens-demens*, ser complexo, múltiplo, carregando um cosmos de sonhos e de fantasias.

A concepção marxista da sociedade privilegiava as forças de produção materiais; a chave do poder sobre a sociedade estava na apropriação das forças produtivas: as ideias e as ideologias, inclusive a ideia de Nação, não passavam de simples e ilusórias superestruturas; o Estado só era um instrumento nas mãos da classe dominante; a realidade social consistia no poder de classe e na luta de classes; a palavra "capitalismo" bastava para explicar sociedades, de fato, multidimensionais. Ora, hoje, como não ver que há um problema específico quanto ao poder de Estado, uma realidade sociomitológica extraordinária na ideia de nação, uma realidade própria das ideias? Como não ver as características complexas e multidimensionais da realidade antropossocial?

Marx acreditava na racionalidade profunda da história; via o progresso científico como garantido; estava convencido da missão histórica do proletariado na criação de uma sociedade sem classes e um mundo fraterno. Hoje, sabemos que a história não progride em linha reta, mas por desvios, fortalecendo-se e impondo tendências. Sabemos que o progresso não é garantido, que todo avanço feito é frágil. Sabemos que a crença na missão histórica do proletariado não é científica, mas messiânica: a transposição para nossas vidas terrenas da salvação judaico-cristã, que promete o céu depois da morte. Essa ilusão foi, sem dúvida, a mais trágica e devastadora de todas.

Muitas ideias de Marx continuam e continuarão fecundas. Mas os fundamentos do seu pensamento foram minados. Os fundamentos, portanto, da esperança socialista se desintegraram. No lugar deles só há algumas fórmulas de ladainhas e um pragmatismo do dia a dia. A uma teoria teórica articulada e coerente da sociedade sucedeu uma salada russa de ideias prontas sobre a modernidade, a economia, a sociedade, a gestão. Os líderes políticos cercam-se de experts, enarcas[34], tecnocratas, econocratas. Confiam nos saberes localizados dos especialistas, que parecem irrefutáveis (científica e academicamente). Ficaram cegos diante dos extraordinários desafios civilizacionais e de todos os grandes problemas. O recurso permanente à pesquisa de opinião funciona como bússola. O grande projeto desapareceu.

A conversão do socialismo à boa gestão não passa de uma redução ao "gestionarismo", que, voltado para o dia a

[34] Diplomados da Escola Nacional de Administração (ENA), instituição de alto prestígio na França [N.T.].

dia, minou os fundamentos da esperança, ainda mais que a gestão não pode resolver os problemas mais gritantes.

A MODERNIZAÇÃO INSUFICIENTE

O debate arcaísmo/modernismo é falseado pelo sentido de cada um desses termos. Se "arcaísmo" significa repetição devota de fórmulas vazias sobre a superioridade do socialismo, as virtudes da união da esquerda e a convocação das "forças progressistas", então devemos romper com esse arcaísmo. Se significa a ressignificação das aspirações a um mundo melhor, então é preciso analisar se e como poderemos atender a essas aspirações. Se o modernismo significa se adaptar ao presente, então ele é radicalmente insuficiente, pois se trata de adaptar-se ao presente para tentar adaptá-lo às nossas necessidades. Se significa enfrentar os desafios atuais, então devemos ser decididamente modernos. De qualquer maneira, não se trata apenas de se adaptar ao presente, mas, ao mesmo tempo, de preparar o futuro. Enfim, cabe destacar que o moderno, quando significa crença no progresso garantido e na infalibilidade da tecnologia, já está ultrapassado.

É certo que, doravante, será preciso abandonar toda Lei da história, toda crença providencial no Progresso e extirpar a funesta fé na salvação terrestre. Devemos saber que, mesmo obedecendo a diversos determinismos (que, de resto, se entrechocam com frequência provocando caos), a história é aleatória e passa por bifurcações inesperadas. Devemos saber que a ação de governar é uma ação de pilotagem na qual a arte de dirigir é uma arte de se dirigir em condições incertas que podem se tornar dramáticas. O primeiro princípio da ecologia da ação nos diz que todo ato escapa das intenções do seu autor e entra no jogo das inter-retroações do meio, podendo desencadear o contrário do efeito desejado.

Precisamos de um pensamento capaz de capturar a multidimensionalidade das realidades, de reconhecer o jogo das interações e retroações e de enfrentar as complexidades em vez de ceder aos maniqueísmos ideológicos e às mutilações tecnocráticas (que só contemplam realidades arbitrariamente compartimentadas e permanecem cegas ao não quantificável e ignoram as complexidades humanas).

Precisamos abandonar a racionalidade falsa. As necessidades humanas não são apenas econômicas e tecnológicas, mas também afetivas e mitológicas.

DO HOMEM PROMETEICO AO HOMEM PROMISSOR

A perspectiva original do socialismo era antropológica (relativa ao homem e seu destino), mundial (internacionalista) e civilizatória (realizar a fraternidade social e suprimir a barbárie da exploração do homem pelo homem). Podemos e devemos beber nas fontes desse projeto, modificando seus termos.

O homem de Marx devia encontrar a sua salvação "desalienando-se", ou seja, libertando-se de tudo o que era estranho a ele mesmo e dominando a natureza. A ideia de um homem "desalienado" é irracional: autonomia e dependência são inseparáveis, pois dependemos de tudo o que nos alimenta e desenvolve; somos possuídos pelo que possuímos: a vida, o sexo, a cultura. As ideias de libertação absoluta, de conquista da natureza, da salvação terrestre, derivam de um delírio abstrato.

Além disso, a experiência histórica do século XX mostrou que não basta derrubar uma classe dominante nem realizar a apropriação coletiva dos meios de produção para arrancar o ser humano da dominação e exploração. As estruturas da dominação e da exploração têm raízes, ao mesmo tempo, profundas e complexas; somente atacando todas as faces do problema é que se poderá esperar algum progresso.

Não podemos eliminar o sofrimento nem a morte, mas podemos aspirar a um progresso nas relações entre seres humanos, indivíduos, grupos, etnias, nações. O abandono da ideia de progresso garantido pelas "leis" da história não implica o abandono da ideia de progresso, mas o reconhecimento de que ele é frágil e incerto. Renunciar ao melhor dos mundos não é, de modo algum, renunciar a um mundo melhor.

É possível vislumbrar, em tal perspectiva, uma política que teria por missão prosseguir e desenvolver o processo de hominização no sentido de uma melhoria das relações entre humanos e de uma melhoria das sociedades humanas?

Sabemos, hoje, que as possibilidades cerebrais do ser humano continuam, em grande parte, inexploradas. Estamos ainda na pré-história da mente humana. Como as possibilidades sociais têm relação com as possibilidades cerebrais, ninguém pode garantir que nossas sociedades esgotaram suas chances de melhorar e transformar-se e que chegamos ao fim da história. O desenvolvimento tecnológico encolheu a Terra, permitindo a todos os pontos do globo de estar em comunicação imediata, proporcionando meios de alimentar todo o planeta e de garantir a todos os seus habitantes um mínimo de bem-estar.

As potencialidades cerebrais do ser humano, contudo, são fantásticas, não apenas para o melhor, mas também para o pior; o *Homo sapiens-demens* continha desde o começo o cérebro de Mozart, Beethoven, Pascal, Pushkin, mas também de Stalin e Hitler. Se temos a possibilidade de desenvolver o planeta, temos também a possibilidade de produzir sua destruição.

DA INTERNACIONAL À TERRA-PÁTRIA

Assim, não há progresso garantido, mas uma possibilidade incerta, que depende das tomadas de consciência, das vontades, da coragem, da oportunidade. As tomadas de consciência tornaram-se urgentes e primordiais. A possibilidade antropológica e sociológica do progresso restaura o princípio da esperança, mas sem certeza "científica" nem promessa "histórica".

O pensamento socialista queria situar o homem no mundo. Ora, a situação do homem no mundo se modificou mais nos últimos trinta anos do que entre o século XVI e o começo do século XX. A terra dos homens viu escapar o seu antigo universo. O sol tornou-se um astro liliputiano entre bilhões de outros num universo em expansão; a Terra vaga no cosmos; é um pequeno planeta de vida aquecida num espaço gelado onde os astros se devoram com violência inusitada e os buracos negros se engolem. É somente sobre este pequeno planeta que existe, a nosso conhecimento, uma vida e um pensamento consciente. Jardim comum à vida e à humanidade. Casa comum de todos os seres humanos. Cabe reconhecer o nosso laço consubstancial com a biosfera e proteger a natureza, trocando o sonho prometeico de controle do universo pela aspiração ao convívio na Terra.

Isso parece possível porque estamos na era planetária em que todas as partes se tornaram interdependentes. A dominação, a guerra e a destruição foram os principais artesãos dessa era planetária. Ainda estamos na era de ferro planetária. Todavia, desde o século XIX, o socialismo luta contra as barbáries da dominação e da exploração com a ambição de fazer da Terra a grande pátria humana.

O novo pensamento planetário, que prolonga o internacionalismo, deve romper com dois elementos capitais: o universalismo abstrato – "os proletários não têm pátria" – e o revolucionarismo abstrato – "façamos tábula rasa do passado".

Temos de compreender a que formidáveis e irredutíveis necessidades corresponde a ideia de nação. Não devemos tampouco opor o universal às pátrias, mas ligar concentricamente nossas pátrias, famílias – regionais, nacionais, europeias – integrando-as no universo concreto da pátria terrestre. Não cabe mais opor um futuro radioso a um passado de servidões e superstições. Todas as culturas têm suas virtudes, suas experiências, sabedorias, carências, ignorâncias. É bebendo na fonte do passado que um grupo humano tira energia para enfrentar o presente e preparar o futuro. A busca de um futuro melhor deve ser complementar e não mais antagônica à renovação nas fontes do passado. Essa renovação no passado cultural é para todos uma necessidade identitária profunda, mas essa identidade não é incompatível com a identidade propriamente humana na qual também devemos nos realimentar. A pátria terrestre não é abstrata, pois dela saiu a humanidade.

O humano é caracterizado pela *unitas multiplex*: unidade genética, cerebral, intelectual e afetiva de *Homo sapiens-demens* que exprime suas incontáveis virtualidades por meio da diversidade das culturas. A diversidade humana é o tesouro da unidade humana, que é o tesouro da diversidade humana.

Assim como é preciso estabelecer uma viva e permanente comunicação entre passado, presente e futuro, também se deve estabelecer uma viva e permanente comunicação entre as singularidades culturais, étnicas, nacionais e o universo concreto de uma Terra-Pátria de todos.

Então se impõe a nós o imperativo: civilizar a Terra, solidarizar, confederar a humanidade, sempre respeitando as culturas e as pátrias.

Aqui se erguem formidáveis desafios e ameaças inconcebíveis no século XIX. O mundo de então estava entregue a antigas barbáries desencadeadas pela história humana:

guerras, ódios, crueldades, desprezos, fanatismos religiosos e nacionalistas. A ciência, a tecnologia e a indústria pareciam carregar no próprio desenvolvimento a eliminação dessas velharias, assim como o triunfo da civilização.

DAÍ A FÉ NO PROGRESSO GARANTIDO DA HUMANIDADE APESAR DE ALGUNS ACIDENTES DE PERCURSO

Hoje, parece cada vez mais claro que os progressos da ciência, da tecnologia e da indústria são ambivalentes, sem que se possa decidir se o pior ou o melhor vencerá. As prodigiosas elucidações produzidas pelo conhecimento científico são acompanhadas por retrocessos cognitivos ligados a especializações, o que impede de se perceber o contexto e o conjunto. Os poderes originários da ciência não são apenas positivos, mas também destruidores e manipuladores. O desenvolvimento tecnoeconômico, desejado por todos e para todos, revelou quase por toda parte insuficiências e carências.

Eis os extraordinários desafios postos para toda sociedade e para a humanidade inteira:

– a insuficiência do desenvolvimento tecnoeconômico;

– o avanço acelerado e sem controle da tecnociência;

– o desenvolvimento hipertrofiado da tecnoburocracia;

– o desenvolvimento hipertrofiado da mercantilização e da monetarização de todas as coisas;

– os problemas cada vez mais graves gerados pela urbanização do mundo.

A isso se deve acrescentar:

- as perturbações econômicas e demográficas;
- os retrocessos e atropelos à democracia;
- os perigos acumulados pela homogeneização civilizacional, que destrói as diversidades culturais e por uma balcanização das etnias, o que torna impossível uma civilização humana comum.

Aqui sobressai o problema da civilização.

POLÍTICA DE CIVILIZAÇÃO

Retomando e desenvolvendo o projeto da revolução francesa, concentrado na divisa trinitária "liberdade, igualdade, fraternidade", o socialismo propunha uma política de civilização destinada a suprimir a barbárie das relações humanas: a exploração do homem pelo homem, a arbitrariedade dos poderes, o egocentrismo, a crueldade, a incompreensão. Ele se devotava à construção de uma sociedade solidária, empreendimento que teve alguns êxitos pela via estatal (*Welfare State*), mas que não conseguiu evitar a fragmentação generalizada das relações entre indivíduos e grupos na civilização urbana moderna.

O socialismo tinha-se dado por tarefa a democratização de todo o tecido da vida social; a sua versão soviética suprimiu todo vestígio de democracia; a sua versão social-democrata não impediu os retrocessos da democracia que, por diversas razões, roem as civilizações por dentro.

Há, sobretudo, um problema mais profundo colocado por e para o que deveria resultar em progresso geral e contínuo da civilização. Para além do mal-estar que, segundo Freud, toda civilização desenvolve fermentando a sua própria destruição, um novo mal-estar civilizacional surgiu, da conjunção dos desenvolvimentos urbanos, tecnológicos, burocráticos, industriais, capitalistas e individualistas das nossas sociedades.

O desenvolvimento urbano não somente resultou em realização individual, liberdade e lazer, mas também na atomização consecutiva à perda das antigas solidariedades e a submissão às imposições organizacionais propriamente modernas (metrô-trampo-dodô).[35]

O desenvolvimento capitalista acarretou a mercantilização generalizada, inclusive onde imperavam o dom, o serviço gratuito, os bens não monetários comuns, destruindo assim incontáveis redes de convivência.

A tecnologia impôs, em setores cada vez mais amplos da vida humana, a lógica da máquina artificial, que é mecânica, determinista, especializada, cronometrada. O desenvolvimento industrial trouxe elevação dos níveis de vida, mas também rebaixamento das qualidades de vida, além da poluição que ameaça a biosfera.

O desenvolvimento que parecia providencial no fim do século XIX carrega agora duas ameaças para as sociedades e os seres humanos: uma, externa, vem da degradação ecológica dos meios de vida; a outra, interna, vem da degradação das qualidades de vida. O desenvolvimento da lógica da

[35] Expressão coloquial francesa, *métro-boulot-dodo*: metrô, trabalho, cama [N.T.].

máquina industrial nas empresas, nos escritórios, no lazer, tende a disseminar o padronizado e o anônimo, destruindo assim formas de convivência.

O *boom* das novas tecnologias, especialmente na informática, provoca perturbações econômicas e desemprego, quando poderia ser emancipatório, fazendo a mutação técnica ser acompanhada por uma mutação social.

Nesse contexto, a crise do progresso e as incertezas em relação ao amanhã levam a se viver para o dia a dia e transformam o retorno às fontes originárias em fundamentalismos e nacionalismos fechados.

Daí os gigantescos problemas de civilização que exigiriam mobilização para humanizar a burocracia, humanizar a tecnologia, defender e desenvolver formas de convivência, desenvolver solidariedades.

Todos esses desafios, antropológico, planetário, civilizacional, ligam-se no grande desafio do final do século, por toda parte no mundo, a aliança de duas formas de barbárie, a antiga, vinda do fundo dos tempos, mais virulenta do que nunca, e a nova barbárie gelada, anônima, mecanizada, quantitativa.

Hoje, a tomada de consciência da comunidade de destino terrestre e de nossa identidade terrena encontra-se com a tomada de consciência dos problemas globais e fundamentais que se colocam para toda a humanidade.

Estamos na era damocleana das ameaças mortais, com possibilidade de destruição e de autodestruição, inclusive psíquicas, que, depois da curta trégua de 1989-1990, agravaram-se com novas formas.

O planeta sofre: a crise do progresso afeta a humanidade inteira, acarreta rupturas por toda parte, explode articulações, determina recuos particularistas; as guerras se reacendem; o mundo perde a visão global e o sentido do interesse geral.

Civilizar a Terra, transformar a espécie humana em humanidade, eis o objetivo fundamental e global de qualquer política voltada não apenas para o progresso, mas também para a sobrevivência da humanidade.

É ridículo que os socialistas, atingidos pela miopia, tentem "aggiornamentar", modernizar, social-democratizar, enquanto que o mundo, a Europa, a França, enfrentam os gigantescos problemas do fim dos tempos modernos.

OS RENOVADORES DA ESPERANÇA

Trata-se de repensar, de reformular em termos adequados, o desenvolvimento humano – sempre respeitando e incorporando as contribuições de culturas não ocidentais.

Devemos tomar consciência da aventura louca que nos arrasta para a desintegração, assim como devemos tentar controlar o processo a fim de provocar uma mutação vitalmente necessária.

Estamos num combate formidável entre a solidariedade e a barbárie, numa história instável e incerta na qual nada está definido.

Salvar o planeta ameaçado pelo desenvolvimento econômico. Regular e controlar o desenvolvimento tecnológico. Garantir um desenvolvimento humano. Civilizar a

Terra. Eis o que prolonga e transforma a ambição socialista original. Perspectivas grandiosas capazes de mobilizar energias.

De novo, em termos dramáticos, ressurge a pergunta: que se pode esperar?

Os processos maiores levam ao retrocesso ou à destruição, mas estas não são prováveis. A esperança está no improvável, como sempre nos momentos dramáticos da história, quando todos os grandes acontecimentos positivos são improváveis, antes que se tornem possíveis: a vitória de Atenas contra os persas em 490-480 antes da nossa era, nascimento da democracia; a sobrevivência da França no reinado de Charles VII; o desabamento do império hitlerista em 1945 e do império stalinista em 1989.

A esperança baseia-se nas possibilidades humanas ainda inexploradas e aposta no improvável. Não é mais a esperança apocalíptica da luta final, mas a esperança corajosa da luta inicial, que precisa restaurar uma concepção, uma visão de mundo, um saber articulado, uma ética. Ela deve animar não só um projeto, mas uma resistência preliminar contra as gigantescas e furiosas forças da barbárie. Aqueles que aceitarão o desafio virão de horizontes diversos e não importa sob qual bandeira se juntarão. Eles serão os portadores contemporâneos das grandes aspirações históricas que, durante um tempo, alimentaram o socialismo, os renovadores da esperança.

A MEDICINA E AS MEDICINAS[36]

Acreditamos durante muito tempo, em nosso mundo ocidental, que só havia uma medicina: aquela que é ensinada nas faculdades, praticada por clínicos gerais ou especialistas, exercida em hospitais. Essa medicina ocidental se espalhou pelo planeta, hegemônica e triunfante, e tudo que não correspondesse a ela era considerado superstição, sinal de atraso a ser liquidado o quanto antes.

PLURALIDADE DE MEDICINAS

No entanto, havia outra medicina. Existia em todos os lugares, inclusive nas sociedades ocidentais, não apenas com a homeopatia, mas especialmente onde vivia um campesinato. Agora se sabe que esse campesinato está diminuindo em quase toda parte e que os camponeses, herdeiros de práticas e saberes tradicionais, são substituídos por agricultores, técnicos mecanizados que cuidam do gado ou das colheitas. Havia, pois, outra medicina, que pode ser

[36] A primeira versão deste texto sobre a medicina e as medicinas, que sofreria modificações e acréscimos ao longo do tempo, foi apresentada como uma conferência no Seminário Internacional pela Integração das Medicinas Tradicional e Complementar nos Sistemas de Saúde Pública, realizado em Florença/Itália, em outubro de 2008 [N.T.].

chamada de medicina das avós, *una medecina della nonna*, pois as mulheres transmitiam receitas de ervas, o uso de certas plantas ou produtos animais para tratar e curar. Podemos dizer que em nossa sociedade, estou pensando na França, por exemplo, não apenas subsistem os curandeiros, usando meios que parecem extremamente estranhos à medicina oficial, como eles estão se tornando cada vez mais numerosos por causa das deficiências dessa medicina oficial. Surgem cada vez mais novas terapias, enquanto a acupuntura é introduzida inclusive na medicina oficial. Chegaram e se estabeleceram na França *marabus*, de origem africana, que lidam, entre outras coisas, com o tratamento de doenças e de enfermidades.

Existem, portanto, diferentes correntes além da medicina normal. Há uma tendência que já remonta há mais de um século, a homeoterapia, que, apesar de condenada, persiste. Há novas correntes médicas, invenções e inovações terapêuticas utilizadas à margem da medicina oficial. Existem associações entre a medicina ocidental e a medicina tradicional chinesa.

Todas as civilizações importantes que atravessaram os séculos tiveram a sua medicina e essas medicinas tradicionais não estão mortas. Veja-se o caso da China, que tem experiência multimilenar em tratamento médico. A medicina chinesa não se reduz à acupuntura: recorre também a muitos outros meios. Na Índia há grandes tradições médicas. Devemos lembrar também das sociedades mais arcaicas de caçadores e coletores, que ainda existem no mundo, embora a maioria tenha sido exterminada, reprimida, desaculturada. Pois bem, nessas sociedades há um conhecimento médico pertinente; é espantoso pensar que os povos da Amazônia conhecem as virtudes e as características venenosas de inúmeras plantas. E pensar que há também um tipo de medicina que pode ser chamada de xamânica, ou seja, praticada por xamãs, que usam determinadas bebidas, como a ayahuasca, ou outras, para entrar em transe e, nesse estado, praticar curas.

Essa grande pluralidade, no entanto, é desprezada como superstição. As grandes corporações farmacêuticas, porém, começam a usar o conhecimento dos povos indígenas da Amazônia. Só que não usam as plantas diretamente; pegam a substância que acreditam ser curativa e a transformam em produto químico.

É preciso partir da consciência da pluralidade e da diversidade e reconhecer que essa diversidade é uma riqueza potencial extraordinária para a espécie humana.

Os índios Pueblo, de certa região do México, viviam exclusivamente do milho. O cozimento do milho numa aldeia era feito com casca de árvores, noutra com cal e em outra aldeia ainda com algum outro produto. Os antropólogos atribuíram o uso de cal, casca de árvore e outros elementos a crenças mágicas. Até que um bioantropólogo analisou essas diferentes substâncias e concluiu que elas permitiam que a lisina, o principal produto nutritivo do milho, fosse assimilada pelo organismo. Essas populações teriam perecido caso se limitassem a cozinhar seu único alimento na água.

O trágico é que não há comunicação entre essas medicinas. Em parte porque pertencem a povos de regiões distantes que não se comunicam facilmente. É por isso que ocasiões como o nosso encontro são muito úteis para criar momentos de comunicação. Em grande parte, porém, a falta de comunicação vem do modo de funcionamento da medicina ocidental, que é o da exclusão do que lhe é estranho. Ela se considera a única medicina verdadeira e acha que o resto nem precisa ser considerado. Em outras palavras, é o sentimento de supremacia e de valor único que dificulta a comunicação.

O QUE PODE A MEDICINA OCIDENTAL?

Isso significa que devemos depreciar a medicina ocidental moderna vinculada ao desenvolvimento do conhecimento biológico e às múltiplas tecnologias cada vez mais sofisticadas? Absolutamente não. Precisamos considerar o extraordinário progresso nos medicamentos para as várias infecções. Por exemplo, os antibióticos e os meios para lutar contra os vírus. Aqui devo fazer um pequeno parêntese.

Nos anos 1960 havia a convicção, entre os médicos, a mídia e o mundo ocidental, de que estávamos exterminando as bactérias e os vírus para sempre. Os antibióticos matavam as diferentes bactérias e a tuberculose parecia coisa do passado. Essa crença agora se desintegrou, pois o surgimento de vírus desconhecidos, como o da Aids ou da Covid-19, mostrou que novos vírus (ou antigos, mas incubados) podem aparecer ou reaparecer. Por outro lado, surgiram bactérias resistentes a antibióticos e seus locais de proliferação por excelência têm sido os hospitais. A vitória final sobre o mundo das infecções e dos agressores externos deve ser adiada *sine die.*

Há avanços extraordinários na cirurgia e hoje podemos trocar fígados ou corações e, em breve, até corações artificiais serão produzidos. Há o fato estatístico do prolongamento da vida nas populações ocidentais; cabe, contudo, levar em conta que isso também está ligado ao progresso na higiene, que permitiu o desaparecimento (espero que por muito tempo) das epidemias. Fez-se, recentemente, a descoberta em organismos humanos adultos de células-tronco, ou seja, células típicas de embriões capazes de produzir todo tipo de células. Elas são chamadas de "totipotentes" ou polivalentes porque são capazes de gerar um coração, um fígado, neurônios, etc. A grande esperança é despertar e estimular essas células-tronco para prolongar a vida e permitir, se não estou dizendo uma vida juvenil, ao menos uma velhice que não seja senescência, pois se sabe que viver mais produz também idosos mantidos vivos em asilos, isolados de suas famílias. É importante salvar pessoas doentes, mas também aqui há um problema fundamental que as células-tronco podem resolver. Penso na fórmula de Rita Lévi Montalcini, essa grande cientista italiana, que diz, "dê vida aos teus dias, em vez de dias à tua vida". Isso serve para dizer que se não podemos negar os múltiplos avanços da medicina ocidental, devemos reconhecer também os limites e fragilidades que se manifestam dentro do próprio progresso.

Louis Pasteur descobriu que certas patologias eram produto do ataque ao organismo por micróbios, bactérias.

Depois dele foram identificados os micróbios responsáveis pela sífilis, pela tuberculose, etc., bem como vacinas contra eles. No entanto, qual era a fraqueza dessa medicina? É que ela se concentrou principalmente no fato de que as doenças eram produtos de ataques de inimigos externos. Em consequência, procuramos as causas do lado de fora. Inquestionavelmente havia e há micróbios vindos de fora. Temos, no entanto, um sistema imunológico, protegido por fagócitos, que estão precisamente ali como soldados para repelir micróbios, comê-los e destruí-los. Então, se o micróbio produz a doença é também porque há uma falha do sistema imunológico, ou seja, se o inimigo externo entra na fortaleza, é porque dentro da fortaleza existem cúmplices ou, ao menos, fraquezas que lhe permitem entrar. Portanto, é um erro ou uma deficiência focar apenas no exterior, porque também é necessário buscar profundamente as causas internas. Essa evolução está em curso na própria medicina ocidental.

O PAPEL DA MENTE

Outro erro é se concentrar exclusivamente no organismo, ou seja, tudo o que é corpo e se relaciona com a fisiologia, esquecendo o possível papel da psique. O foco no organismo está relacionado à especialização da medicina ocidental. A especialização tem dois aspectos; um aspecto útil, pois faz avançar o conhecimento, e um prejudicial, pois tende a isolar a doença num único órgão. Assim, trata o fígado com produtos que podem afetar os rins, ou trata os rins com produtos que podem afetar o fígado, etc. Durante muito tempo se subestimaram as inter-relações entre os órgãos, assim como entre as partes e o todo.

Ignora-se, quando a terapia é focada no organismo, o papel da mente, da psique. Observo que em francês há uma única palavra para dizer o que em outras línguas se diz com duas. Em italiano, dizemos "mente e spirito". Em inglês, "mind and spirit". Em francês, eu digo "esprit", que vale para ambos. O papel da "mente" muitas vezes é esquecido. Bem, alguém pode me dizer que aqui também houve mudanças. Sim, é verdade! Existe uma medicina psicossomática, mas é preciso dizer que essa medicina permanece marginal e que os grandes batalhões da medicina ocidental se concentram no corpo e nos órgãos. Pensa-se que é o corpo que age sobre a mente e a deixa deprimida, se continua não acreditando que a mente possa agir sobre o corpo para o mal ou para o bem. Para o mal, por exemplo, quando a mente está deprimida como resultado de um luto, de um desgosto, de um obstáculo intransponível; o resultado é que as defesas imunológicas ficam enfraquecidas. Para o bem, por exemplo, quando o espírito é ativo, vigoroso e ajuda a combater a doença, como no caso dos doentes que querem viver e assim aumentam suas chances de salvação.

HIPERESPECIALIZAÇÃO EM QUESTÃO

Outra armadilha da medicina ocidental é a hiperespecialização, que pode tender para o fechamento e para a separação. Isso nada tem a ver com a especialização, que é útil, se for aberta, se o conhecimento de uma especialidade puder alimentar o da especialidade vizinha e principalmente o conhecimento geral e global. A hiperespecialização está ligada à compartimentação, à separação. Temos grandes especialistas, obviamente muito competentes em fígado, coração e assim por diante, mas também temos pouca comunicação entre eles. Dá-se, então, uma inversão de hierarquia. Em uma orquestra sinfônica, o maestro é quem dirige, controla e conhece os músicos. No campo da medicina, quem deveria ser maestro, o clínico geral, fica rebaixado a um posto menor, o "doutorzinho". O médico da campanha, quando havia uma civilização rural, era também um psicólogo social. Ele conhecia a família, o caráter das pessoas. Não apenas curava este ou aquele órgão, como também intervinha na vida das pessoas. Vimos esse médico desaparecer, substituído pelo clínico geral urbano, ele próprio reduzido ao nível mais baixo, aquele que recebe os pacientes com tanta pressa que nem se dá o trabalho de saber da vida deles.

Acrescentaria que o aspecto sobretudo analítico e redutor da medicina ocidental é problemático, pois privilegia as moléculas químicas. Essas moléculas, às vezes, têm origem vegetal. O melhor exemplo é a aspirina, ácido acetilsalicílico, que vem de uma árvore, o salgueiro, e que agora é produzida industrialmente. A aspirina tem grandes virtudes, descobertas graças ao salgueiro, e, às vezes, apresenta desvantagens em pessoas com sangue um pouco fluido. O pensamento médico deu importância somente à molécula química e à sua capacidade terapêutica, sem pensar que talvez seja o todo complexo da planta que fortaleça a capacidade da molécula dela extraída.

Além do mais, estamos numa ecologia, num planeta com uma biosfera, e somos constituídos por 65% de água. Somos feitos de elementos e de moléculas, respiramos o ar. Encontramos essa ideia nas antigas medicinas tradicionais, que davam importância à água, ao céu, à terra, ao ar. Estamos ligados ao cosmos, queiramos ou não. Somos o fruto de uma aventura que começou com o Universo, integramos partículas nascidas nos seus primeiros segundos, e o átomo de carbono criado num sol anterior ao nosso. Carregamos toda a herança da vida. Somos uma parte do cosmos.

Trata-se de reconstituir a totalidade complexa no interior da qual existimos, vivemos, sofremos, somos felizes, infelizes. Essa crítica da hiperespecialização não deve fazer esquecer que a contribuição dos especialistas é necessária à visão complexa. É preciso parar de ignorar as diferentes medicinas e é importante integrá-las ao ensino de medicina. Mas, para isso, deve-se conhecer as suas qualidades e os seus defeitos.

O MÉDICO E SEU PACIENTE

Talvez se deva também interrogar sobre o médico. Ele tem também uma eficácia quase mágica e carismática, ligado ao fato de que o paciente é ignorante e que o médico, mesmo o mais modesto médico de bairro, carrega um poder curativo. As suas receitas são ilegíveis e essa ilegibilidade possui uma virtude esotérica. Pode-se dizer que parte da cura vem da confiança. Não é isso o placebo? É o efeito produzido no paciente pela confiança no que ele acredita serem medicamentos. Essa confiança, em muitos casos, contribui para a cura. Contudo, deve-se favorecer o diálogo entre o paciente e o médico. A cooperação vem da conscientização do paciente sobre o que acontece quando está em tratamento. Acredito que haverá avanço aí: perda do aspecto mágico e progresso da consciência. Para mim esse é o caminho.

RUMO A UMA MEDICINA PLANETÁRIA

Léopold Senghor dizia que a civilização planetária deveria ser uma civilização do dar e do receber, enquanto a visão dominante em nossos países ocidentais é que temos lições a dar, que temos a verdade e não temos nada para receber, do ponto de vista do conhecimento, desse mundo chamado subdesenvolvido, portanto cognitivamente inferior.

Agora, o que Senghor diz sobre a medicina se aplica à cultura. Toda cultura tem seus saberes, suas maneiras de fazer, suas artes de viver e também seus erros, suas ilusões, suas superstições. E isso também é verdade para a nossa cultura. Temos os nossos erros, as nossas superstições, as nossas ilusões, mas também as nossas virtudes consideráveis, por exemplo, em termos de democracia ou direitos humanos. Isso para dizer que não estamos numa posição superior em relação a um mundo inferior. Temos muito a aprender, ao mesmo tempo em que temos de ensinar e é isso que deve nos levar a cooperações por uma medicina planetária.

Perderemos o ponto de vista soberano, ganharemos o ponto de vista humano. Precisamos abandonar dois tipos de arrogância: a ocidentalocêntrica, que pensa que estamos no trono solar, detentores de todas as verdades; e a erudita, que crê na ciência oficial como a única existente e que o resto é vaidade e superstição.

Para ir nessa direção, é preciso ter a capacidade de conectar. Para isso, é fundamental ter os instrumentos conceituais adequados. Foi precisamente esse o meu trabalho, que chamei de "O Método", a fim de articular os conhecimentos uns com os outros, o que exige uma reforma da educação e uma reforma do pensamento.

AS LIÇÕES DA PANDEMIA

A crise mundial da Covid merece análises que ainda é cedo para fazer. Os dados disponíveis, no momento em que escrevo, são insuficientes e controversos. Já se viu o poder das grandes empresas farmacêuticas sobre as decisões tomadas por autoridades médicas e governamentais em muitos países.

Podemos, contudo, perguntar se, durante um ano, a procura exclusiva por uma vacina anticovid não impediu a busca por remédios para a doença. Podemos também perguntar se privilegiar infectologistas, baseados em estatísticas, em relação aos médicos que tratavam e conheciam concretamente os pacientes, se justificava. Como só dispomos, neste momento, de dados contraditórios e incertos, qualquer síntese pertinente me parece prematura. A pandemia parece ter favorecido a compartimentação, a especialização fechada e o quantitativo.

Estamos no começo de um processo profundamente civilizacional. A medicina, justamente por dizer respeito à parte mais íntima de cada um, isto é, a saúde, a vida, a morte, está no centro dos nossos problemas existenciais. É por isso que penso que avançaremos para uma simbiose planetária, aperfeiçoando nossa compreensão dos outros, de seus sofrimentos, medos, angústias, amores e do que os faz felizes.

SOBRE A DEGRADAÇÃO DE NOSSA ALIMENTAÇÃO

Um laço indefectível une problemas que em geral são considerados como separados uns dos outros. A nossa alimentação é um bom exemplo disso.

Ela sofre enormes degradações ecológicas provocadas pela agricultura industrial. Não podemos passar repentinamente da agricultura e da pecuária industriais, governadas pela busca do lucro, para a agricultura e a pecuária familiares agroecológicas. A desindustrialização de nossa alimentação será progressiva. A situação não pode, contudo, melhorar sem forte vontade política.

Essa política requer uma nova visão econômica que não seja dominada pela procura desenfreada de lucro, mas, antes, por necessidades humanas vitais. Isso exige, no plano econômico, que o Estado determine o que deve diminuir na economia e o que é efetivamente necessário, mas também o que deve crescer. No caso, o útil e o limpo. Em contrapartida, devem recuar o inútil e o não saudável.

Ora, a alimentação industrial depende de produtos nocivos em vários níveis: poluição dos solos por fertilizantes e pesticidas, organismos geneticamente modificados (OGMs), padronização de frutas e legumes, poluição do ar e dos próprios alimentos pelo uso de conservantes com o objetivo de perpetuar a comercialização dos produtos.

A degradação da biosfera acarreta, ao mesmo tempo, uma degradação da atmosfera das nossas cidades e campos. Essas degradações, esses resíduos industriais, tudo o que ameaça a saúde pública derivam da mesma origem: o crescimento descontrolado das forças tecnológicas e econômicas obcecadas por lucro.

Os melhores economistas mostram que o PIB, como medida de tudo, funciona sobre uma base artificial. Contabiliza, por exemplo, positivamente todas as despesas ligadas à reparação de desastres ecológicos. É incapaz de levar em conta o aspecto vital das necessidades dos seres humanos.

Precisamos que os nossos políticos levem em consideração o qualitativo, o humano, a qualidade de vida. O objetivo da política não é o crescimento permanente nem o quantitativo a qualquer custo.

Logo, a questão da alimentação não pode ser isolada de uma política estrutural, que não pode estar isolada de um pensamento global que seja capaz, ao mesmo tempo, de fazer um diagnóstico histórico da nossa época, sua evolução, e de propor novas vias para enfrentar todos os fenômenos de regressão.

UMA POLÍTICA PARA A CIDADE E O CAMPO[37]

A reflexão sobre o futuro da humanidade ao longo século XXI não pode deixar de considerar o fenômeno de urbanização generalizada que, conforme as previsões atuais, atingirá 65% da população mundial em 2050. A urbanização acarreta indiscutivelmente o despovoamento do campo e também o desenvolvimento de uma agricultura e de uma pecuária industrializadas em grande escala, cujas consequências nocivas à saúde humana já podem ser medidas. Assim, o grande problema da urbanização geral é inseparável do problema do campo, pois é o mundo rural que alimenta as cidades.

Como imaginar que um mundo rural extremamente reduzido demograficamente possa alimentar a enorme massa urbana? A urbanização aumenta o tamanho das cidades e também cria faixas urbanas periféricas de centenas de quilômetros, com condomínios populares, subúrbios, guetos e favelas. Esse processo resulta também em novos tipos de cidades gigantes, com dezenas de milhões de habitantes.

Os problemas urbanos que já conhecemos vão se ampliar, especialmente a gestão dos resíduos e o transporte.

---

[37] Texto escrito em colaboração com minha esposa Sabah Abouessalam, socióloga e urbanista.

Muitas megalópoles não possuem rede de transporte público não poluente e eficiente. Estão asfixiadas pelo uso abusivo de carros individuais. Surgem problemas de saúde pública ligados à poluição do ar por partículas tóxicas, poluição sonora e diferentes tipos de estresse característicos da vida urbana desumanizada.

RECOLOCAR O HUMANO NO CENTRO DA CIDADE

A cidade passou por inúmeras mudanças ao longo dos últimos cinco milênios e, sem dúvida, novas mutações vão acontecer. As inovações urgentes, porém, consistem em aumentar e aperfeiçoar as instalações físicas e menos em multiplicar invenções eletrônicas automáticas para elevar a automatização dos comportamentos e o anonimato. Em contrapartida, seria frutífero recolocar os interesses humanos no centro do pensamento sobre a cidade, com atenção renovada aos processos cósmicos e ecológicos que envolvem todos os seres. Precisamos devolver à cidade todas as suas funções maternas e protetoras da vida (assistência e socorro), as atividades autônomas e as associações simbióticas que, desde muito tempo, têm sido negligenciadas, até mesmo suprimidas. A cidade deve ser uma instituição de amor. A melhor economia para as cidades consiste em cultivar solidariedades.

Aqui se impõe uma reflexão "ecológica", cuja necessidade se manifestou há algumas décadas. Trata-se de pensar uma cidade ecológica cujas fontes de energia não sejam poluentes, privilegiando o transporte público coletivo, construindo amplas zonas de pedestres urbanas, com ecobairros e, como nos projetos de cidades em transição, hortas comunitárias no alto dos prédios ou nos parques públicos. Não direi como o humorista que para evitar os defeitos das cidades seria preciso levá-las para o campo, mas direi que, hoje, precisamos de campo nas cidades.

Tudo isso, porém, não basta. Suponhamos que houvesse uma rede de hortas dentro, ou junto, às megacidades. Isso não seria suficiente para alimentá-las.

Ao mesmo tempo, o problema da humanização das cidades está aí. A tendência atual é a segregação, o isolamento dos indivíduos conforme suas categorias socioeconômicas e culturais, mas também segundo as suas origens étnicas, enquanto que, em certas cidades antigas, a diversidade da população morando nos mesmos bairros mantinha uma mistura social.

A polarização cresce entre os bairros ricos, protegidos por segurança privada, e os bairros pobres, situados, muitas vezes, no centro de cidades como San Diego ou nos bolsões periféricos como no Rio de Janeiro ou em Medellín, onde podem ser encontrados, de modo concentrado, todos os problemas vitais e mortais da degradação urbana (falta de água potável e de tratamento de esgoto, desemprego, delinquência, marginalização). Populações rejeitadas pela cidade gentrificada concentram-se nesses espaços, que, por sua vez, se tornam focos de exclusão.

A marginalização e a exclusão levam à desintegração dos laços sociais e à pobreza urbana.

A isso se acrescentam os efeitos perversos ligados aos deslocamentos pendulares, assim como uma dinâmica de competição globalizada que enriquece os ricos e empobrece os pobres, que veem a qualidade de vida e a alimentação se degradarem rapidamente.

Sabemos atualmente que os alimentos menos onerosos, produzidos pela agricultura industrializada e massiva, têm fraca qualidade nutritiva e gustativa, padronizados e portadores de resíduos químicos perigosos provenientes de pesticidas e antibióticos utilizados para cultivar milhões de hectares ou criar milhões de aves, bois e porcos.

Quando acrescentamos a isso que os produtos da agricultura industrial são embalados para o transporte e conservação necessários à distribuição para milhões de pessoas nas megacidades, e que para essa embalagem também é necessário usar produtos químicos de preservação, até mesmo corantes artificiais, o círculo então parece completo: os efeitos nocivos da agricultura industrializada e da pecuária causam os efeitos nocivos do consumo urbano de alimentos, efeitos nocivos que se retroalimentam.

Tudo isso indica que não é possível pensar uma política urbana sem pensar também numa política rural. Uma está intrinsecamente ligada à outra.

FREAR O ÊXODO RURAL

A questão fundamental, então, é saber se é possível inverter o curso das coisas num tempo razoável para evitar o despovoamento e a degradação do meio rural, assim como a hipertrofia das cidades. Acho que é possível. Paris já indica que os fluxos para fora se tornaram mais importantes que os fluxos para dentro.

Cada vez mais jovens, convencidos das virtudes da agroecologia, ou seja, dos benefícios da alimentação biológica, das hortas e da produção orgânica, instalam-se no campo, em diferentes regiões da França, por exemplo. Um grande número de aposentados também prefere trocar as grandes cidades pela zona rural, onde podem encontrar moradia mais barata, um ritmo de vida menos estressante e mexer com a terra em hortas ou na jardinagem. Por outro lado, a evolução das condições de trabalho, nas empresas que permitem o trabalho a distância, permite que um grande número de trabalhadores possa, ao mesmo tempo, viver e trabalhar no campo. Deparamo-nos com contratendências, certo, ainda minoritárias e fracas, mas que podem, em minha opinião, fortalecer-se e que caberia estimular e ajudar.

Na França, o que bloqueia um retorno à agricultura e pecuária familiares, o que impede o desenvolvimento da agroecologia e da agroflorestal, com a possibilidade do retorno ao crescimento de árvores produtoras de alimentos (castanha, nozes), são os grandes incentivos públicos à exploração industrial. Essa situação produz um efeito perverso. Um exemplo: o excedente do trigo francês é exportado para a África a baixo preço. Beneficiado por subsídios estatais, o trigo europeu chega mais barato do que o local. Assim, o trigo das multinacionais sufoca o desenvolvimento de uma agricultura de subsistência autóctone.

Acrescente-se a isso um fenômeno recente de extrema perversidade e capacidade de estrago. Capitais provenientes da China, dos Estados Unidos ou da Europa concentram-se na compra ou no aluguel de enormes extensões de terra nos países do Sul, especialmente na África (com frequência as terras mais férteis), com a cumplicidade dos governos mais ou menos corruptos dessas regiões. Essas terras servem para a agricultura ou para a pecuária industrializada, destinadas à exportação.

Esse fenômeno aumenta a dificuldade para as nações de ter uma política agrícola, logo rural e urbana, racional e complementar, capaz de privilegiar o desenvolvimento local e a diversificação dos produtos, considerando as culturas e tradições dos países, o que faz crescer o êxodo rural, inchando favelas, hipertrofiando as cidades e aumentando a miséria. Não esqueçamos que o mundo do Norte, via exploração econômica, faz crescer o despovoamento rural do Sul, o gigantismo urbano do hemisfério e a dependência alimentar da região.

POR UMA DUPLA REGENERAÇÃO

Essa dependência recíproca entre o mundo urbano e o mundo rural tornou-se complexa a tal ponto, crítico ou nocivo, que reclama uma dupla regeneração: uma regeneração da vida rural e outra da vida urbana.

No que diz respeito à questão da cidade, o capital financeiro e seu corolário, a especulação financeira, são fatores de agravamento. Que lugar deve ocupar o financeiro no capitalismo globalizado? Como fazer para que a especulação não provoque uma alteração e uma degradação dos modos de vida urbano e rural?

A especulação financeira com cereais é perigosa. Assistimos a situações aberrantes com produtos represados, em detrimento da segurança alimentar das populações, obviamente, dos países mais desfavorecidos ou de regiões que passaram por catástrofes naturais, a fim de aumentar os lucros por especulação com a lei da oferta e da procura. As finanças fazem par com a especulação para explorar, de maneira desprezível, os países pobres.

Há dois problemas que é preciso abordar com os instrumentos de um pensamento complexo: as gestões urbana e rural, organicamente ligadas, necessitam de uma política global para a humanidade, que é preciso conceber desde já para elaborá-la o mais rápido possível. A história da maioria das cidades modernas tem a ver com uma dinâmica de criação anárquica muito interessante (exceto as cidades fortificadas). De resto, essa anarquia tinha um valor estético numa dimensão poética ou criativa. Hoje, a anarquia deriva da especulação imobiliária, que busca o máximo de lucro sem considerar as verdadeiras necessidades dos habitantes.

Enfatizo que a especulação imobiliária provocou a destruição dos laços sociais e das redes naturais de solidariedade urbanas em bairros antigos onde as trocas humanas entre vizinhos, consumidores, comerciantes e donos de cafés constituíam um cadinho de convívio. A qualidade das moradias suburbanas caiu também em função da especulação imobiliária, que impôs uma arquitetura uniforme e industrializada nos grandes condomínios da periferia das cidades.

Mesmo os maiores arquitetos da história urbana entraram nessa. Le Corbusier foi o promotor do que chamou de "cidade radiante", um grande edifício com todos os serviços de uma cidade, até mesmo uma rua interna, andares com lojas e restaurantes, uma escola e áreas de jogos no terraço. Mas o que Le Corbusier não compreendeu – nem o seu genial discípulo Niemeyer ao construir Brasília – foi que uma cidade precisa de ruas. E as ruas precisam ter cafés, comércio, especialmente pequenos estabelecimentos, que geram convivialidade. O supermercado é o reino do anonimato. Podemos fazer compras sem dirigir uma só vez a palavra a alguém, salvo para se queixar de um produto. Vemos em Brasília enormes conjuntos arquitetônicos, com grandes espaços verdes, imensas avenidas, mas nada de vida, de pedestres, de convívio. A vida urbana refugiou-se na periferia. O único êxito arquitetônico de Niemeyer está nos prédios públicos, mas uma espécie de frio lunar os envolve num país do sul tropical.

Devemos, portanto, pensar em *rua* quando pensamos em *cidade*. Não bastam os espaços verdes numa cidade. É preciso a agitação das ruas, a sua dimensão pedestre, de passeio, comércio, chaves para um tecido urbano vivo. Por tudo onde se teve êxito na implantação de uma política urbana baseada na revitalização do centro das cidades, a vida urbana renasceu e as relações humanas se reconstituíram. É preciso restabelecer a convivialidade urbana. O exemplo de Paris, que recuperou os espaços às margens do Sena para fazer praias, áreas de esporte e de piqueniques, é, quanto a isso, interessante.

A cortesia e a convivialidade não são epifenômenos psicossociais na vida das pessoas. Carregam o reconhecimento do valor da alteridade, da personalidade dos outros. "Bom dia, boa noite, senhor, senhora", significa dizer que o outro existe. A necessidade de reconhecimento e de respeito está entre as mais fundamentais para o ser humano, pedra angular da convivência urbana.

HUMANIZAR AS CIDADES

A humanização das cidades passa por uma nova governança urbana. Atualmente, os planos de urbanização estão condicionados pelas relações de força e os interesses da especulação imobiliária, que precisa para atingir seus objetivos de apenas algumas autorizações públicas, obtidas, com frequência, pagando comissões, de acordo com o grau de corrupção das administrações. A complexidade dos problemas urbanos engloba todas as dimensões da vida humana, pessoal, econômica, demográfica, social, etc.

Precisaria, portanto, promover-se uma nova governança urbana, inclusiva e participativa, com a presença de autoridades municipais e nacionais eleitas, setores profissionais qualificados para tanto (arquitetos, urbanistas, sociólogos, psicólogos), uma amostragem de diversidade etária, de gênero e profissão das pessoas, inclusive desempregados. Esses novos conselhos de governança urbana pensariam as suas cidades e elaborariam uma "boa" governança.

A cidade como categoria de pensamento global começa, enfim, a ser concebida na sua complexidade (ver especialmente as obras de Thierry Paquot); é preciso cruzar objetos e categorias de diferentes disciplinas que tratam de fatores demográficos, políticos, humanos, psicológicos, sociológicos, econômicos, lazer, educação, religiões diversas, pois tudo se mistura numa cidade.

CIDADE LUZ E CIDADE TENTACULAR

No século XIX, duas noções principais caracterizavam o mundo urbano: a cidade luz e a cidade tentacular. A cidade luz era a que atraía os camponeses, que viviam em circuito fechado e sem as opções de lazer das grandes cidades (cafés, teatros, etc.). Para a gente do campo, viver na cidade era, antes de tudo, a liberdade e o fim do olhar bisbilhoteiro dos vizinhos. A cidade permitia aos jovens do campo escapar de um futuro similar ao dos seus pais. Mais liberdade, mais opções culturais, mais encontros e uma promessa de ócio dominical. Na campanha, mesmo aos domingos era preciso alimentar os animais. Os camponeses instalados na cidade juntavam-se por origem regional, como os bretões em Montparnasse. Nos edifícios marcados pela socialidade popular era possível pedir sal, manteiga, sabão, aos vizinhos e comprar fiado nos mercadinhos.

Oposta a esse cidade-liberdade-lazer, a cidade tentacular é a do anonimato, da solidão, da infelicidade, onde a solidariedade familiar diminui ao mesmo tempo que o número de parentes. Os idosos são relegados a casas de repouso e considerados inúteis e incômodos. Na cidade tentacular multiplicam-se as situações de aflição humana e solidão. Foi por isso que propus, há muito tempo, a criação de "casas da solidariedade", em bairros sensíveis, nas grandes cidades ou mesmo nas cidades de tamanho médio. Penso que existem necessidades humanas que não são atendidas pelos serviços de urgência ou pelos hospitais. Há populações frágeis e expostas, como os dependentes de drogas. Entendo também que as autoridades políticas deveriam criar um serviço cívico de solidariedade a fim de reintroduzi-la no coração da vida urbana. Eu me lembro de quando era criança, no bairro de Ménilmontant, em Paris, que os vizinhos nunca paravam de falar, convidando para festas, ajudando uns aos outros quando havia qualquer necessidade. Enfim, havia uma solidariedade básica. O edifício, a rua e o bairro eram lugares de trocas constantes e de convívio.

Há alguns anos fiquei impressionado com um documentário rodado nas ruas de Bogotá. Uma câmera escondida filmava um homem deitado na calçada. Não dava para saber se ele dormia ou se estava morto. Ninguém parava para ver. Eu me dizia: "Opa, Paris nunca será assim". Ora, é o que se vê em Paris atualmente, sem que ninguém se incomode. Os passantes acham que a obrigação é da polícia de socorrer o infeliz estirado no chão. A crise de solidariedade que se generaliza é uma crise ética.

Seria preciso retornar às duas fontes fundamentais da ética, a *solidariedade* e a *responsabilidade*. Por que essas fontes foram degradadas na civilização urbana atual e um pouco menos nas vilas rurais? Elas se degradaram porque o individualismo, que possui virtudes incontestáveis, especialmente pela autonomia que permite alcançar, tem também seus defeitos. Vê-se isso na gestão pública quando ninguém se sente responsável por nada que esteja fora do seu pequeno setor.

POR UMA POLÍTICA DE CIVILIZAÇÃO URBANA

Pensar o ressurgimento da responsabilidade geral requer uma tomada de consciência que passa, evidentemente, pela educação. Não basta introduzir na política urbana lições de moral cívica abstrata. Isso não é suficiente para bem-viver coletivamente, para fazer um bom cidadão e para fazer o bem. Temos de analisar os problemas concretos de degradação urbana e humana, que reclamam o que chamei de uma "política de civilização". Em outras palavras, uma política que conheça os aspectos negativos do progresso, da tecnologia, da civilização contemporânea e que acione dispositivos para conservar os aspectos positivos dessa civilização. É preciso uma "política de civilização urbana". Acrescento que a política de civilização e a governança da complexidade urbana devem ser conectadas a uma política geral.

É preciso abandonar os dogmas reinantes do neoliberalismo, da competição cega e exacerbada, do desenvolvimento pelo crescimento exponencial. Precisamos de um pensamento capaz de conceber crescimento e decrescimento ao mesmo tempo. Temos de conjugar as ideias de desenvolvimento e envolvimento, pois não se trata de estimular desenvolvimento quantitativo e tecnológico, mas envolvimentos, relações humanas qualitativas, familiares e comunitárias que restabelecem laços de solidariedade. A noção de "grande família" ainda existe em algumas sociedades urbanas dos países do Sul, resistindo à miséria com solidariedade e dignidade. Quando essas redes e tecidos sociais são rompidos, impõem-se a degradação, a miséria, a delinquência.[38]

Nesses países, para além das similitudes que lhes são próprias (pobreza da maioria, forte informalidade na economia, altas taxas de crescimento temporário, corrupção, clientelismo, etc.), a pobreza urbana organiza-se de maneira diferente conforme se está em Lima, México, Dakar ou Casablanca. Com frequência, as solidariedades representam verdadeiras redes sociais no lugar do Estado e isso faz uma grande diferença na experiência da pobreza em relação a sociedades onde essas formas de solidariedade não existem e o pobre é entregue à própria sorte. A falta de solidariedade agrava as violências urbanas.

[38] Ver sobretudo os textos de Sabah Abouessalam sobre a pobreza nas cidades do Sul.

PENSAMENTO GLOBAL

A crise urbana planetária nos obriga a pensar uma nova via para a salvação da humanidade. Eis a questão: o caminho para a humanidade é o pensamento global. Tentei falar disso no meu livro justamente intitulado *La voie*.[39] Trata-se de conectar todas as iniciativas criativas, dispersas no planeta, para criar uma verdadeira rede a partir da qual pensar uma política de civilização a serviço da questão urbana mundial.

Iniciativas floresceram por toda parte no mundo, como em Porto Alegre, no Brasil, ou em Medellín, na Colômbia, onde a população podia decidir como usar uma parte do orçamento da cidade. Temos de facilitar as experimentações de formas de democracia participativa cidadã. Insisto, "experimentar", pois não existe fórmula mágica. Sabemos que as consultas populares nos levam a constatar que os alvos principais de uma cidade inclusiva não estão representados (homens e mulheres marginalizados, pobres, idosos, jovens). Nas reuniões, que se apresentam como formas de democracia participativa, dominam militantes infiltrados deste ou daquele partido buscando direcionar as discussões conforme os seus interesses. Cabe, portanto, insistir em testar fórmulas de democracia participativa. Elas são portadoras de futuro.

[39] Fayard, 2011 [A via: para o futuro da humanidade, Bertrand Brasil, 2013].

Um grande problema para uma política urbana é a dimensão de participação e de engajamento dos cidadãos. Isso exige uma tomada de consciência individual e coletiva. Ora, os serviços públicos, salvo exceção, pensam as políticas públicas "fora da realidade", fora da cidade, fora da zona rural, num mundo abstrato condicionado por ideias de "crescimento", "competitividade", etc.

Na realidade, iniciativas criadoras nascem no coração da sociedade civil. Elas se acham dispersas. Não estão conectadas. Ainda não existe um sistema de pensamento capaz de conectá-las. Tomemos o caso da França. Há muitas iniciativas para uma governança urbana e uma nova política. O movimento de economia social e solidária tem uma história antiga no mutualismo e nas cooperativas. Vemos surgir a chamada "economia circular", que consiste em construir circuitos positivos de consumo e descarte, com reciclagem. Essa economia positiva reduz o desperdício. Vemos também circuitos de economia ecológica que buscam não apenas utilizar fontes próprias de energia renovável, mas que militam por uma transformação do campo, rejeitando a agricultura e a pecuária industrializadas, buscando assim, do seu jeito, humanizar as cidades. Citemos ainda o movimento "convivialista", que insiste com uma ideia importante, levantada desde os anos 1969 por Ivan Illich, que consiste em lutar contra uma civilização que perde sua capacidade de convivialidade e de proteger as relações humanas e o reconhecimento da alteridade.

É preciso partir da concepção de um mundo urbano em plena expansão a fim de regular essa expansão ou até mesmo de fazê-la recuar. É preciso partir da concepção de um mundo rural entregue a forças industriais e econômicas incontroláveis para desacelerar esse tipo de produção e desenvolver a agricultura familiar, agroecológica e agroflorestal. É preciso, enfim, uma reforma do consumo e dos comportamentos individuais. Temos muito poucos organismos para lutar contra as formas de intoxicação que produzem dependência, manipulação dos consumidores que somos por meio de procedimentos psicologizantes, informações falsas e bombardeio publicitário. Vê-se isso na apresentação idílica feita por refrigerantes que provocam dependência nas crianças especialmente e levam-nas à doença e à obesidade. Precisamos de uma política de civilização para reformar a cadeia de consumo que vai da produção industrial à subjugação dos indivíduos, passando pela economia financeira, pela especulação e pela publicidade abusiva ou mesmo mentirosa.

A educação e o comportamento cidadão são interpelados. No século XIX, na idade industrial, era o operário que, lutando contra a exploração industrial, soava o alarme contra um sistema baseado na busca ilimitada pelo lucro. A ação operária, porém, de resto enfraquecida, não ataca o novo e gigantesco problema do consumismo.

Nós, cidadãos consumidores, podemos regular o sistema boicotando os produtos nocivos e elegendo os produtos de qualidade. Quando falo em reforma do consumo, não me refiro somente aos comportamentos "consumistas" estimulados pelos hipermercados, capazes de produzir um fascínio diante das incontáveis gôndolas e das opções de escolha, mas também a uma reforma do comportamento individual quanto ao uso abusivo dos carros pessoais. Assim como podemos considerar o carro um instrumento muito útil ao ser humano para a sua realização, também pensamos que o seu uso poluente em zona urbana é uma perversão. Há toda uma série de efeitos perversos provocados por uma civilização e certo modo de vida atual, referentes ao consumo urbano e rural, contra o qual é preciso lutar.

Enfim, a arquitetura deve voltar a ser o que foi: uma arte que responde, ao mesmo tempo, ao meio físico, ao clima, às necessidades sociais e individuais. Ela deve atualmente responder aos desafios do anonimato, da poluição urbana e às novas necessidades familiares. Reduzida à geometria, aos grandes cubos de vidro ou não, a arquitetura só produziu obras-primas em Manhattan. Para retomar o que disse Jean Nouvel, cada época tem a sua marca arquitetônica. Entendo que a necessidade ecológica de ar puro, de alimentação sadia e a de convivialidade entre os seres humanos deveria ser inspiradora na construção dos edifícios, das ruas, dos bairros.

Os jardins, parques e praças não são apenas "espaços verdes", mas também oásis urbanos onde alimentamos na fonte a nossa necessidade de contato com a natureza. A nova despoluição deve possibilitar que neles se dê o ressurgimento da vida animal, por exemplo, de pássaros e abelhas, como as colmeias que já aparecem no Jardim de Luxemburgo, em Paris.

Enfim, uma cidade sempre pode ter uma dimensão estética. Sinto um grande prazer ao caminhar nas ruazinhas de pedestres do centro de Montpellier, onde nada atrapalha a minha visão, sendo agradável olhar as fachadas e lojas; cada um caminha tranquilamente, sem a pressa de Paris. A beleza urbana não é um luxo: contribui para o bem-viver. Cabe aos arquitetos criar uma nova beleza urbana preservando, ao mesmo tempo, a antiga.

Não haverá reformas urbanas e rurais, sociais e econômicas, políticas e educacionais, sem reforma ética. Eu insisto: a reforma ética é difícil, pois não se resume a simples lições de moral.

Essa reforma ética reclama uma reforma do pensamento, logo, uma reforma da educação a fim de capturar problemas, ao mesmo tempo, fundamentais e globais. Ora, o sistema de educação em funcionamento no Ocidente há séculos e atualmente globalizado não nos torna capazes de tratar simultaneamente os problemas fundamentais e globais. Por que não? Porque a nossa educação disciplinar é compartimentada: os saberes são ensinados numa lógica que separa os conhecimentos em lugar de conectá-los.

É preciso, portanto, fazer uma reforma do pensamento para que todos os elementos separados entrem em simbiose, em sincronismo e em confluência, criando um novo caminho. Se essa nova via se desenvolver e se a velha desaparecer, a humanidade terá acesso a uma sociedade de natureza planetária, com uma nova relação entre campo e cidade, o que, sem negar as nações, sem rejeitar as diferenças, sem negar as originalidades, nem as pátrias, vai englobá-las num destino humano comum no seio de uma Terra-Pátria.

MULHER, VIDA, LIBERDADE

Há alguns anos, passei alguns dias em Teerã, convidado pela Cátedra Unesco da universidade. Descobri, fora do olhar oficial, uma viva atividade intelectual masculina e feminina. Todas as mulheres tiravam o véu assim que se achavam num espaço privado.

A revolta atual é espontânea e geral. A rejeição ao véu é o próprio símbolo da dominação cruel e imbecil exercida pela concepção mais obscurantista que se tem da religião islâmica. Tudo isso é testemunho também da dominação multissecular do homem, "macho", sobre a mulher – dominação universal, mas especialmente bárbara no Irã.

As mulheres iranianas lutam por elas mesmas, mas também pela liberdade do homem, igualmente subjugado pela ditadura dos aiatolás. Elas combatem pela liberdade de todos os iranianos, inclusive por minorias como os curdos, que se levantaram instigados pela revolta feminina.

Esse combate pela mulher, pelo homem, pelo Irã é a admirável e trágica expressão de um fenômeno mundial, o grande acontecimento revolucionário do século: a revolta das mulheres dominadas, oprimidas, exploradas social e sexualmente.

Isso começou no século XIX com as sufragistas, que reivindicavam o direito ao voto. Tornou-se um movimento geral pela igualdade social, igualdade salarial e responsabilidades políticas, econômicas e, mais tarde, ganhou dimensão mais íntima, profunda, na denúncia da exploração sexual, cuja expressão atual é a onda *Me Too*.

A grande revolução feminina desenvolve-se no Ocidente, mas germina por toda parte onde as mulheres tomam consciência de que a sua situação social ou matrimonial não é natural, mas derivada de uma concepção medieval e autoritária na qual homens também dominados impõem às mulheres uma dominação ainda mais cruel.

Havia quem acreditasse que no século XX o proletariado masculino abriria caminho para a liberdade de todos. Sabemos hoje que a revolta das mulheres é que abre caminho para a liberdade de todos. As mulheres estão, por toda parte, na vanguarda, especialmente num regime atrasado e fanático.

Curvemo-nos diante delas, dos seus mortos e lutos. Mesmo se for sufocado, o movimento delas permanecerá na história como um momento sublime.

Dizemos a "mulher, vida, liberdade", destacando a vida. O que é viver senão antecipar conscientemente ou não a luta entre esses dois inimigos inseparáveis que são Eros, as forças de amor, comunhão, realização, e Tânatos, as forças do ódio, do desprezo, da crueldade? O feminino está radicalmente ligado ao Eros, pois dá, protege, perpetua a vida e cria ternura nas relações humanas. O Eros começa a desenvolver no masculino a sua própria parte feminina, assim como o feminino, emancipando-se, desenvolve a sua parte masculina, sem perder sua feminilidade, mas intensificando-a.

A grande revolução feminina está em marcha. As suas heroínas atuais são iranianas.

Eu me curvo diante delas.

ANEXO

O CAMARADA DEUS[40]
CONTO DE NATAL

Stalin não morreu em 1953. Ele mandou prender Molotov, Kaganovich e Malenkov, que, interrogados, confessaram que eram agentes de um complô sionista-imperialista. Na sequência, outros espiões foram desmascarados e executados, entre os quais Beria. Os convidados a visitar a URSS nessa época puderam admirar o entusiasmo e a alegria do povo soviético. Viram que reinava a liberdade concreta. Alguns destacaram a falta de liberdades formais, mas fizeram isso para sublinhar a existência de liberdades reais. Uma delegação de escritoras francesas espantou-se ao descobrir que a mulher soviética não sofre qualquer alienação e não enfrenta os tradicionais problemas domésticos, como bem mostra o cinema soviético.

Uma justa homenagem é feita a Stalin, cuja figura titanesca domina a história da humanidade. Manifestações especiais são organizadas periodicamente para lhe

---

[40] Escrevi este texto paródico depois do relatório Kruschev, de 1956, no XX Congresso do Partido Comunista, que denunciou os crimes de Stalin, falecido em 1953, imaginando o discurso do mesmo relator se Stalin estivesse vivo. Meus amigos do *France-Observateur* gostaram muito do texto, mas não tiveram coragem de publicá-lo. Mesmo se as gerações atuais, ignorando a linguagem comunista da época, não sejam capazes de compreender a ironia contida nas palavras, gosto muito deste texto e fiz questão de publicá-lo.

prestar homenagem. Edifícios gigantescos são construídos para essas cerimônias. Dentro da grande nave onde se reúnem as multidões há uma área reservada aos grandes marxistas-leninistas. Homenagens e felicitações são recitadas de acordo com as fórmulas consagradas. Os fiéis vão separadamente fazer autocrítica e um marxista-leninista lhes dá penitência e absolvição. Essas cerimônias de admiração, de amor e de comunhão nada têm em comum com os rituais alienantes das religiões, pois a religião distrai, com mitos enganadores, enquanto que as "stalinadas", nome dado a essas cerimônias diárias, exprimem os sentimentos reais dos povos em relação ao mais humano de todos os homens.

Em dezembro de 1961, um decreto do Conselho Supremo da URSS anunciou repentinamente: "Os méritos sobrenaturais do camarada Stalin devem ser designados conforme a sua realidade precisa. Em consequência, torna-se evidente que o camarada Stalin deve ser reconhecido como Deus". *Pravda* explica, em longos artigos, que o reconhecimento da divindade do camarada Deus Stalin é um desdobramento necessário da aplicação dos princípios do marxismo-leninismo. No XX Congresso do Partido, o relatório de divinização de Stalin foi apresentado pelo camarada kruschev.

A imprensa burguesa fez uma gritaria na tentativa de mascarar o golpe mortal dado no campo imperialista. De fato, a divindade do camarada Stalin enfraquece o imperialismo e fortalece a unidade do povo em torno do seu verdadeiro Deus. Uma parte da imprensa burguesa foi obrigada a reconhecer os méritos sobrenaturais de Stalin.

Le Monde escreveu: "Se há algum exagero na divinização de Stalin, no sentido literal do termo, da personalidade do chefe de Estado soviético, é preciso reconhecer que aquilo que choca os ocidentais pode, às vezes, corresponder ao misticismo das populações eslavas e que a estatura sobrenatural do chefe soviético pode inspirar, em certa medida, o sentimento do divino, de terror e veneração".

France-observateur escreveu: "A divinização de Stalin pode nos parecer lamentável e muitos de nós lamentam que tal medida não contribua imediatamente para a união das forças de esquerda. Mas isso é um assunto do povo soviético e só nos diz respeito na medida em que o Partido Comunista Francês sinta a tentação de divinizar Maurice Thorez e Jeannette Vermeersch, o que enfraqueceria, de resto, singularmente a sua posição junto a tantos professores de ensino fundamental que permaneceram fiéis a uma imagem, talvez sentimental, mas respeitável, de laicidade".

Alguns intelectuais comunistas, submetidos à pressão da burguesia, não compreendem o significado marxista desse acontecimento. Numa coluna livre do *France-Observateur*, um deles, entre os mais brilhantes, mas que prefere se manter no anonimato, escreveu um artigo no qual reconhece que Stalin é *como* Deus, dado que as suas virtudes impressionantes superam em todos os sentidos a condição humana. Mas ele se recusa a dar o último passo e considera inoportuno utilizar um conceito anacrônico e reacionário como esse que, no fim das contas, minimiza a importância prodigiosamente humana do grande camarada Stalin.

Há alguma insatisfação em certos meios intelectuais, sindicatos e no Movimento pela Paz. A Liga dos Direitos do Homem emitiu nota de protesto. Uma campanha de esclarecimento está sendo feita pelo Partido para convencer os democratas honestos e os patriotas sinceros.

Um pouco mais do que tem saído na imprensa:

La Nouvelle Critique: "Mais uma vez, um suposto intelectual, pretensamente comunista, leva água ao moinho dos pescadores de águas turvas do *France-Observateur* com seu artigo 'Como se'. Stalin, Deus? Isso é muito simples, ingênuo, materialista demais, essa é a palavra, para esse idealista impenitente. Ele prefere dizer 'como se fosse'. Da mesma forma, os Estados Unidos, sem dúvida, não são capitalistas; eles são 'como se fossem'. Hitler não era fascista. Era 'como se fosse'. Trotski não era um espião de Hitler, era 'como se fosse'. Luta de classes? 'Como se fosse'. Muito bem, não, o Partido comunista não é como se fosse o Partido comunista. Ele é o Partido comunista; os renegados não são como se fossem renegados; são renegados. Stalin não é como se fosse Deus. Ele é Deus".

L'Humanité (de seu correspondente em Moscou, Pierre Courtade): "Desde muito tempo, os camaradas do bureau político do Partido Comunista da URSS diziam entre eles: 'Nada no camarada Stalin tem a ver com a condição humana; não se pode compará-lo a qualquer outro homem, nem mesmo ao maior, o camarada Lenin'. Eles observavam também que o brilho do olhar e o tom da sua voz tinham alguma coisa fascinante, extraordinária e que, ao mesmo tempo, a sua imensa bondade com as pessoas não tinha tamanho. Durante algum tempo, chegamos a crer, erroneamente, que isso se explicava pela inacreditável humanidade do camarada Stalin. Essa interpretação era evidentemente mecanicista e não dialética. Não percebíamos a mudança qualitativa que transforma o humano absoluto em divindade. Graças ao marxismo-leninismo esse erro foi corrigido. Uma vez mais, o camarada Deus Stalin está na origem desse salto teórico para a frente. Durante a cerimônia dos seus 80 anos de idade, ele declarou ao comitê central: 'Vocês acreditam que todas essas homenagens sejam para um homem ou para um deus?' Os camaradas perceberam que o Partido havia dado, sem saber, um prodigioso salto para a frente. O decreto histórico da divinização foi decidido há dois anos. Só não foi publicado no Natal de 1961 – nosso Stalinoel – pela necessidade de preparação de uma tão extraordinária e justa consagração, mas também por causa da modéstia do camarada Deus Stalin".

Les Lettres françaises (Aragon): "Sim. Stalin é Deus. Eu já sabia. Nós sabíamos. Não ousávamos dizer... Deus! Deus! Deus! Soluços de alegria... certeza. Não se trata do deus dos filósofos e dos doutores, não é o Deus dos nossos amigos cristãos, respeitável, às vezes. A estes, simplesmente digo: o diálogo está aberto, ele é hoje realmente possível: de Deus com Deus. Aquele que acreditava em Stalin, aquele que não acreditava, estão novamente juntos e sorriem uns para os outros. Aqui, neste jornal, direi tranquilamente (podem rir os covardes, os cachorros, os imbecis): o decreto de divinização não é apenas um ato determinante para a humanidade, mas é também um ato de um alcance literário e artístico sem precedentes. Eis um motivo para pintores em busca de assunto, eis o hino para o poeta, eis o tema para o músico. A mais humilde das stalinadas cotidianas, que recitamos todas as manhãs, carrega todos os tesouros da poesia:

Stalin se cala,
Stalin fala,
Stalin pensa,
Stalin sorri".

Vale ainda destacar:

Teilhard de Chardin, profeta de Stalin?

Roger Garaudy demonstra que Teilhard de Chardin pressentia a divindade de Stalin, mas, prisioneiro de fórmulas abstratas, não podia expressar claramente a sua intuição.

Filho de Deus

Em nova edição ampliada e enriquecida do *Filho do povo*, Maurice Thorez explica como, de filho do povo, ele se tornou filho de Stalin.

A quaternidade

Este documento da União dos cristãos progressistas explica que a Trindade se tornou demasiadamente estreita e, para ser objetivo, insuficiente. A divinização de Stalin não traz o quarto termo – essencial, que lhe faltava?

"Os deuses vivos" (*Le Monde*)

Maurice Duverger examina os exemplos dos deuses vivos de que a história é pródiga (Faraó, Alexandre, o Grande, Augusto, o imperador do Japão, etc.). A divinização de Stalin não é um fenômeno aberrante, mas se inscreve numa das linhas de evolução da história humana da qual nada nos permite dizer, ao contrário, que esteja ultrapassada.

Resolução da Quarta Internacional:

"A divinização de Stalin é uma última manobra diversionista da burocracia em decadência. A burocracia 'diviniza' os seus privilégios, mas assim reconhece não ter mais fundamento material na sociedade".

Forçado a ser Deus, por Jean-Paul Sartre:

"O encurralamento do capitalismo, o desenvolvimento extraordinário da indústria socialista e os gigantescos méritos de Stalin obrigaram os soviéticos a recorrer dialeticamente à noção de 'divino'. Essa noção, ainda que fetichizante-abstrata, é totalizante-concreta. Ela é superior à laicidade abstrata, que é uma categoria burguesa do entendimento.

A análise dialética demonstra que o divino socialista, em oposição ao divino burguês, não significa tanto super-humano quanto pan-humano. Traduz a expansão do socialismo em relação ao malthusianismo da burguesia".

Nem deus nem tribuno, Guy Mollet:

"Uma nova impostura do bolchevismo. Os trabalhadores que se lembram dos versos da *Internacional* saberão juntar-se em massa ao Partido socialista".

Nosso falso deus, J.J. Servan-Schreiber:

"Stalin deus? Só Deus sabe... Afinal, não é da nossa conta. Mas, em contrapartida, o quanto nos parece ainda mais ridículo o falso deus que aprisiona a França entre suas mãos fracas, o tirano sem braço De Gaulle".

Mensagem do general De Gaulle:

"Parabenizo-o por esta promoção que nos permite começar a dialogar em pé de igualdade".

AGRADECIMENTOS[41]

Gracias a la vida que me ha dado tanto
Gracias a los amores que me han dado tanto
Gracias a las hermanas y los hermanos de mi vida
Gracias a mi querida Sabah

[41] A editora Denoël agradece calorosamente a Emmanuel Lemieux e às Éditions du Cerf por permitirem a reprodução do posfácio de Edgar Morin ao livro de Emmanuel Lemieux, *Le Réseau*, publicado pelas Éditions du Cerf em 2023.

Este livro foi confeccionado especialmente para a
Editora Meridional Ltda.,
em Gentium Plus 11/15 e
impresso na Gráfica Noschang.